8050《はちまるごーまる》問題
中高年ひきこもり、七つの家族の再生物語

黒川祥子

JN018410

集英社文庫

はじめに

その家が視界に入った途端、戦慄《せんりつ》が走った。

1960年代後半、高度経済成長期に山を切り開いて造成された、首都圏近郊にある高級分譲住宅地。郊外に延びる私鉄の最寄り駅までは、バスに乗って約15分。交通の便は決していいとは言えないが、何よりの魅力は自然豊かな景観だ。高台にある100〜150坪の各区画には、瀟洒《しょうしゃ》な二階建ての一軒家が碁盤の目のように並ぶ。家屋はそれぞれが大きく、十分な広さの庭があり、庭木の緑は手入れがなされていて美しい。

この街並みに、異様な雰囲気を醸《かも》す一画があった。

まず目に飛び込んでくるのは、道路に面して鬱蒼《うっそう》と茂る黒い塊のような樹木だ。手入れされていない枝という枝が敷地から目の前の道路にはみ出し、今にも道路をのみ込まんとするばかりに野放図に垂れ下がっている。その凶暴な枝は、家の前にある電柱にまでからみついている。行政は、いつしか道路上に「この先、通行注意」の看板を置いた。

樹木の塊のほんのわずかな隙間《すきま》から、その家の外壁は白であることがうかがえるが、どのような形状の建物なのかはまるでわからない。

門から玄関へと至るアプローチには、家から吐き出されたおびただしいゴミが幾重にも分厚く積み重なり、今にも道路にせり出さんばかりだ。見るからに不衛生で、なんとも言えない不快な臭いが鼻を突いてくる。

そこには50代前半の兄と、40代後半の弟が暮らしている。兄は30年近く社会と接点を持たずにひきこもり、弟は２０１８年3月まで公務員として働いていたが、トラブルが絶えず解雇された。

その家は今も、近隣住民にとって、忌まわしきタブーだ。

ためらいながらも、そのうちの一人が重い口を開く。

「兄は落ち武者みたいな長い髪の毛をしていて、50メートル離れていても悪臭が漂ってくるんです。黒っぽいジャージーを着て、時々、スーパーの袋を両手に持って歩いている姿を見るので、買い出しに出ているようです。おとなしくて無表情。生気がまるでない」

隣家の主婦は話し声がその家に漏れるのを恐れ、自宅の居間にあっても声をひそめて話す。

一方、弟の生活ぶりは驚くべきものだった。

「弟はずっと、玄関の軒下で暮らしていたんです。通勤もパンツ一丁で駅まで走って行き、駅のトイレで身体《からだ》を洗って、作業着に着替えて職場に通っていたのは有名な話です。地元の小学校では、通学路を変えたんです。道ですれ違っただけで、小学生にまで弟が怒鳴るので。みんな怯《おび》えています」

家の中については外からはうかがえないが、数年前に訪問した民生委員によると、家の中は手がつけられないほどゴミがうずたかく積み上がっているという。

地域住人によると、以前はゴミが道路にまで溢《あふ》れ出ていたという。

いったいなぜ、こんなことになってしまったのか。

「お父さんが生きている間は、まだ問題はなかったんです。普通の家でした。庭だって、手入れされていて。そのお父さんが亡くなったのは30年以上前のこと。その後、お母さんが二人の子を置いて家を出て行ってしまい、こんなゴミ屋敷になりました」

今から約半世紀前、この住宅地が造成されたばかりの頃、この家では大手企業のサラリーマンである父と専業主婦の母、二人の子どもという、一般的には「よき家族」とされる一家の生活が営まれていた。しかも、一億総中流といわれた時代において、より裕福な家庭として自然豊かな高級住宅地にマイホームを建て、希望に満ちた暮らしをスタートさせたはずだった。

それなのになぜ、その「よき家族」は今、このようなところに行き着いてしまったのだろうか。

２０１９年5月下旬から6月上旬にかけて起きた二つの事件（川崎市登戸《のぼりと》・無差別殺傷事件と、練馬区・元農水事務次官による長男殺害事件）により、「８０５０《はちまるごーまる》問題」という言葉が一気に日本社会を賑《にぎ》わすこととなった。

それは文字通り、80代の親が50代のひきこもりの子を抱えている家庭、そしてそこから派生する問題を指す言葉だ（同じ趣旨で、70代の親が40代のひきこもりの子を抱える家庭を指す「７０４０《ななまるよんまる》問題」という言葉もある）。１９９０年代後半から顕在化してきた若者のひきこもり問題が、解決せぬまま長期化、当事者が中高年に達し、高齢の親の問題と併せて、今、深刻な社会問題として浮上してきている。

２０１９年3月29日、内閣府は初の40代以上のひきこもり調査結果を発表した。それによれば、自宅に半年以上閉じこもり、外出したとしても社会との接点がない40歳から64歳までの「中高年ひきこもり」が、推計で約61万３０００人いることが明らかになった。７割以上が男性で、ひきこもり期間7年以上の者が約半数を占めた（20年以上の者も約19パーセント）。何よりも社会に衝撃を与えたのは、61万人という数字だけではなく、15歳から39歳までの「若者」のひきこもりの推計人数54万１０００人を、40代以上が上回ったことだ。ひきこもりの長期化、当事者の高齢化という事実が、改めて社会に突きつけられたことになった。

ひきこもりという存在が社会的に認識されるようになったのは、1998年、精神科医の斎藤環《さいとうたまき》が著書『社会的ひきこもり　終わらない思春期』（PHP新書）を出版したことが契機となっている。

私自身も、書籍のデビュー作が『「ひきこもり」たちの夜が明けるとき　彼らはこうして自ら歩き始めた』（PHP研究所、2003年、橘由歩《たちばなゆうほ》名義）というものであったように、ノンフィクションの書き手として、当初からこのテーマに関心を寄せてきた。きっかけは1997年に、文筆業と並行して不登校の子を支援する私塾（現在はNPO法人）でスタッフとして働いたことによる。ほんの1年間だけのスタッフだったが、そこで支援対象の主流が10代の不登校の子たちから、中学時代から10年前後ひきこもり続けてきた、20代後半の若者にシフトする「潮目」を、まざまざと見た。

高校受験失敗、両親の教育虐待など、ひきこもった理由はさまざまだったが、10年以上も社会との接点を持たず、自室のみで過ごしていた若者がこれほどいるのだということが驚きだった。若者たちと関わるなか、苦しい時間を生きてきた本人から語られる内容に衝撃を受けた。ひきこもるには一人一人固有の理由があったが、それらはほぼ、家族にまつわるものだった。

「社会的ひきこもり」の発見から約20年。事態は解決に向かうどころか、さらに深刻化している。支援という外部の手が届かなかったひきこもりが今、40代、50代に達している。

彼・彼女たちの父親は、主に高度経済成長期をサラリーマンとして過ごし、給与は右肩上がり。経済的に裕福なために、自身が退職後も家にひきこもる子どもを抱え込むことができていた。しかし今、親自身が高齢となり、自身の病気や介護、そして年金生活の困難さという経済問題で立ち行かなくなり、外部へＳＯＳを発せざるを得なくなったことで、皮肉にも中高年ひきこもりの存在が明るみに出てくるようになった。

80代の老親と50代の中高年ひきこもりの子ども……。なぜ、そのようないびつな状態に、その家族は行き着いてしまったのだろう。

本書は「８０５０問題」について、当事者と家族に焦点を絞ったルポルタージュだ。

私が「８０５０問題」を〝家族〟という視点で考えてみたいと思ったのは、多くの当事者たちと出会う中で、ひきこもりというものは家族のあり方と切っても切れない問題だと考えるに至ったからだ。そしてそれは、家族ごとに千差万別だ。本書には、七つの家族が登場するわけだが、ゆえに本書で描くのは、「『８０５０問題』をめぐる、七つの家族の物語」ということになる。

決して「8050問題」の全貌《ぜんぼう》を網羅する内容でも、何か特効薬のようなものを提示する内容でもないことを最初にお断りしておく。見ていただきたいのは、生きた人間の生身のドラマだ。

それは同時に、「家族とは何か。どういうものであってほしいのか」という、私がこれまで家族内殺人や子ども虐待、里親家庭などの取材を通して追究してきたテーマとも一致する。

家庭という空間が心地よく、あたたかなものであってほしいという願いを込めて、これから七つの家族の物語を書き始めていこうと思う。

（なお、本書に登場する方々については、原則として敬称略とし、肩書、年齢、そのほかのデータなどについては、単行本刊行時のままとさせていただきます）

目次

本書は二〇一九年十一月、書き下ろし単行本として集英社より刊行されました。

本文デザイン　篠田直樹（ｂｒ·ｉｇｈｔ　ｌ·ｉｇｈｔ）

8050《はちまるごーまる》問題

中高年ひきこもり、
七つの家族の再生物語

第1章

迷走する家族

強すぎる父

松本千秋・53歳「私は何も悪くはない」

松本千秋《まつもとちあき》（仮名、53歳。年齢は刊行時。以下同）はいつも、上質なブラウスにフェミニンなスカートといった装いで、扉をノックする。

生活困窮者自立支援法に基づく支援を行なう、NPO法人の相談室。

生活困窮者自立支援法は生活に関するあらゆる困りごとの相談に乗ることを目的とし、2015年4月に施行されたもので、社会的孤立もその対象としている。各自治体がNPO法人や社団法人などに運営を委託して、支援業務を行なっているケースが多い。同法の中核を担うのが「自立相談支援事業」で、これが現在、中高年ひきこもりの支援のために機能する唯一といっていい法制度だ。

支援者の加藤知之《かとうともゆき》（仮名、68歳）は、きらびやかな洋服を身にまとい、にこやかに微笑《ほほえ》む千秋を見るたびにいつもこう思う。

「飲み屋の女将《おかみ》だったら、そこそこいけるだろう」

なんとも妖艶《ようえん》なのだ。とても、一人でひきこもっているとは思えない。

しかし、千秋と少し話をすれば、奇妙な〝ズレ〟にほどなく気づく。

1966（昭和41）年生まれの千秋は、53歳になるまでの二十数年間、社会と一切接触することなく、自宅で一人、ひきこもって暮らしてきた。

千秋の父・松本信二《しんじ》（仮名、87歳）は1932（昭和7）年生まれ、母・きみ子《こ》（仮名、93歳）は1926（大正15）年生まれ。

松本夫妻の間には1960（昭和35）年に長男、1962（昭和37）年に長女、そして4年後に次女・千秋が生まれた。

子どもたちの中で現在、仕事に就き、家庭を持っているのは長男だけだ。長男一家には30歳になる娘がおり、その娘にも子どもが生まれた。所帯も別に構えている。

一方、長女・由紀《ゆき》（仮名、57歳）は、20歳を過ぎた頃にうつ病を患い、20代半ばで一度は結婚したものの病気が原因でほどなく離婚し、以降、自宅で闘病生活を続けている。

その意味では千秋だけでなく、由紀も「8050問題」の当事者と言える。二人とも、多くの女性がたどる人生から大きく外れ、社会との接点を持たないまま、50代を迎えているわけだ。

しかし、現在、両親と同居しているのは由紀のみで、千秋は単身で暮らしている。

なぜ、家族が分離することになったのか。その原因は千秋による家庭内暴力にあった。まず、母と姉が耐えかねてアパートに移ったのが、13年前のこと。千秋と同居を続けていた父・信二も、9年前には千秋との生活に悲鳴をあげ、家を脱出。今は父、母、長女の3人でアパートを借りて暮らしている。

一人、実家に残った千秋は父に月5万円の仕送りを要求し、ひきこもりを続けている。

支援者である加藤の前に座るや、千秋は毎回、滔々《とうとう》と、自分のほうにいかに理があるのかを語りだす。

「出て行ったのは、あの人たちなんです。私は追い出したわけじゃないし、何も悪くはない。むしろ、私だけが置いてけぼりにされているわけです。だから、あの人たちが私を食べさせるのは当然なんです。だって、私を働けなくさせたのは、あの人たちなんですから。私はずっと正しい道を歩いてきたんです。なのに……」

千秋は切々と訴える。いつもの話が始まった、と加藤は思う。

一方で、両親と姉が口を揃《そろ》えて訴える、自身が振るう暴力については、「そんな事実はない」ときっぱり一蹴《いっしゅう》する。

最初から最後まで、千秋の話はこの堂々巡りだ。自分だけが正しいという、終わりなき物語。

「家族が出て行った時は大変だったんです。今だって、家族がどこに住んでいるかも教えてもらえず、いつも私を差し置いて、なんでも父が勝手に決めてしまうんです」

めかしこんで相談室にやってくる千秋だが、自宅に他人を入れることは決してない。家庭訪問を申し出ても頑《かたく》なに断られ、玄関のブザーを押して呼びかけても、その扉が開かれることはない。

加藤は確信している。

家の中は、とんでもないゴミ屋敷になっているのだろう。

そして、千秋の一人語りを聞きながら、こう思わずにはいられない。

彼女の話には現実感がない。どこか現実から乖離《かいり》している。

終わらない千秋の物語は、ほぼ父・信二への怨嗟《えんさ》に貫かれている。

「私はずっと、父のペースで勝手に決められて生きてきたんです。いろいろなことを『こうしなさい』と操られてきた。父はいつも一人で勝手に決め、自分だけの判断で動いていくわけです。ピアノだって、父に押しつけられたものですが、それでも一生懸命に努力を続けてきたんです。だから、私は母と姉の分も代表して、父と闘わないといけないんです」

千秋の中では「同盟者」となっている母・きみ子と姉・由紀だが、二人とも二度と千秋とは暮らしたくない、関わりたくないと思っている。

信二への呪詛《じゅそ》を縷々《るる》語る千秋は、次第に感情が高ぶっていく。

「私と父とは考えも価値観も全く違うのに、私は一方的に父の考えを押しつけられてきたんです。本当はピアノを教えて働くことができるのに。私の20年を返してほしい」

被害者意識の激しさを前に、どうすれば現実の問題へシフトさせていけるだろうか、と加藤は思いあぐねる。すべきことは、これまでのひきこもり支援で貫いてきたように、彼女の人生を否定することなく受け止めることだ。とはいえ、いたずらに月日を重ねるのは避けたい。どうしたら彼女の意識を過去にではなく、未来に向けさせることができるのか……。

千秋への支援は、開始から1年経《た》っても同じ位置で足踏みを続けていた。

加藤は並行して、父・信二からも訴えを聞いている。後に詳述するが、そこにあるのも自分が正しく、家族全員が千秋の被害者であるという考えだ。

この父と娘は、それぞれが「お互い、全く価値観が違う」と主張するが、皮肉にも「自分こそは正しく、被害者である」という軸は全く同じだ。永遠に交わらないこの考えこそ、この家の文化だったのだろうか。

止まらない家庭内暴力

1958年、大手通信会社の営業職に就く信二ときみ子は職場結婚をし、社宅で暮らし始めた。当時、多くの女性がそうしたように、きみ子は寿退社して専業主婦となり、家庭を守る役割を担った。

世は高度経済成長期。信二は典型的な〝モーレツ社員〟として朝早くに出社し、夜は接待飲食などで、帰宅は往々にして午前様。休日も接待ゴルフなどで外出ばかり。家の中のことはすべて妻に任せ、子どもが生まれても、当時、多くの父親がそうであったように、子どもと顔を合わせることがないという生活を送る。

勤務先が大手企業だったため、信二の収入は同時代のサラリーマンの平均より高く、加えて、作曲家という副業もあったので、遊ぶ金には事欠かなかった。会社の給料はすべて妻に渡し、副収入でゴルフや旅行、ハイキングなど、自分の時間を謳歌《おうか》していた。

信二は当時を振り返る。

「子どもの教育やしつけも女房に任せきり。だから、子どものことはよくわかっていなかった。女房が『男の子は父親じゃないとわからない』と言うので、長男には結構厳しくあたり、手を上げたりもしました。だけど、女の子には自由放任主義。娘には女房がかかりきりだった」

信二によれば、きみ子はこれからの時代は女性も手に職をつけるべきだ、という強い考えを持っていた。それには音楽がいいと判断し、幼稚園の頃から、長女と次女をピアノ教室に通わせたという。だが、ピアノに関しても父と娘の言い分はかみ合わない。千秋は「すべて父が決めたこと」だと断言する。

千秋が中学生になる時、信二は都内に65坪の土地を買い、二階建ての一軒家を建てた。広い敷地にそれぞれ意匠を凝らした家屋が規則正しく並ぶ、自然豊かな高級住宅地の一画。

「家屋には当時、1000万円の費用をかけました。設計には凝って、建築士さんに何度も図面を描き直してもらって、材料もいいものを吟味して建てた注文住宅です」

1階にあるリビングダイニングは15畳の広さ、2階のベランダも15畳とスペースをたっぷり取り、庭も十分な広さがある。1階には妻の強い希望により防音機能の付いた音楽室を設《しつら》え、ピアノと電子オルガンを入れた。1階の離れが夫婦の寝室で、2階の3部屋が子どもたちの個室となった。

最寄り駅までの交通機関はバスしかなく、勤務先まで片道1時間はかかるが、それでも高級住宅地に住むというステイタスに、夫婦ともども満足していた。

「ベランダには人工芝を敷いて、夏にはサンデッキを出して、訪問客とバーベキューをやったりしましたね。自然が豊かで、とても静かでいいところでした」

私立高校の音楽科に進学した千秋だが、中学の頃からヒステリックな言動が見られるようになったと信二は記憶する。今に至る前兆だったのかと思うものの、当時は思春期の女の子特有のものだろうと軽く受け止めていた。

その後、千秋はきみ子が見つけてきた、短大卒業と同等の資格も取れるピアノの専門学校に入学。学校が地方にあるため、家を出た。独特の指導法で全国に知られる学校だった。

同じ頃、長女の由紀がピアノ講師の資格取得に失敗、この挫折が原因で、うつ病を患い、寝たきりとなった。

千秋は専門学校を卒業し、ピアノ講師の資格を取得して実家に戻り、全国展開を行なう近所のピアノ教室で教え始めた。

しかし、その教え方は独善的で子どもが離れ、保護者とも諍《いさか》いを起こした。管理者とも反りが合わずに揉《も》め、遅刻も多く、次第に問題講師となり、20代後半にはピアノ講師を自ら辞めた。

専門学校を卒業して家に戻った時から、千秋は由紀が寝たり起きたりの生活をしているのが気に入らず、一晩中、姉を罵《ののし》り、説教をし、止めようとする母・きみ子に暴力を振るようになっていく。

その頃、信二は定年を迎えていたが、再就職をして、職場のそばにアパートを借りて単身で住んでいた。そこに千秋を呼び寄せ、二人で暮らすことにした。

「とにかく女房と長女を千秋から分離させないと、二人が参ってしまう。そこに住んでいた時は、千秋は一人の生徒にだけピアノを教えていました。毎月の月謝、８０００円だけが彼女の収入。だからほとんど、僕の収入で養っていました」

75歳になった信二は再就職先の仕事を辞め、自宅に戻ることとなり、これを機に千秋を自立させることにした。信二は千秋に、「生徒を集めて、独立するように」と迫った。

「女房も喜んで、千秋の一人暮らしのために、白物《しろもの》家電を１００万円分ぐらい買い揃えました。なのに、千秋は『嫌だ』と実家に戻ってきたのです。買い与えたものは全部、無駄になりました」

再び一家４人の生活となったことで、千秋は父には隠していた暴力を父にも振るうようになる。

「怒りだすと、収まるまで一晩中でも説教をする。ビンタをするわ、コップの水を顔にかけるわ、つかみかかってくるわ……。家族３人に対して洗面所、トイレ、風呂、洗濯機の使用時間を決め、従わせるわけです。自分だけ、好き勝手に使っていた」

これ以上の同居は無理だと、きみ子と由紀をアパートに逃がした。信二は千秋と同居を続けたが、そのうち台所も風呂場も使うことを禁止され、週に3日は一晩中説教されるという生活が続く。

千秋は一晩中起きていて、明け方に就寝、午後1時に起きるという生活を送っていた。2階で生活していた千秋は、信二が2階に上がることも、日中、家にいることも禁止した。

困り果てた信二が相談したのは、妻の介護で世話になった地域包括支援センターだった。2005年の介護保険法改正で制定された、地域住民の保健や福祉、医療の向上や介護予防などを担う機関だ。

保健師が家庭訪問をして対応しようとしても、千秋は頑なに会おうとしない。そこで、保健師は信二にこのような提案をした。

「お父さんだけでも、デイサービスに来てください。介護の対象になりますから。少しは気が紛れると思いますよ」

信二は、そこで食事や入浴をすることにした。デイサービスが休みの日は図書館で過ごし、自宅での食事は基本的にコンビニ弁当という生活が続く。

信二はどんどん追い詰められていった。

「切羽詰まって、千秋を手にかけることも考えました。私に事件を起こす前兆は確かにありました。実行する勇気がなかっただけのことです。頭の中にはそういう妄想が常にありました」

信二はついに、千秋との同居を解消した。妄想を振り払おうにも振り払えないほど、自らの精神状態が不安定になったからだ。こうして家族は分裂した。

信二が家を出てから数年後、きみ子の介護で世話になっている保健福祉事務所から「千秋の問題を相談できる窓口がある」と聞き、信二は電話をかけた。そこで対応したのが加藤知之だった。信二はすぐに相談室に駆け込んだ。まさに駆け込み寺だった。

「私と妻、長女の3人でアパート暮らしをしていますが、お金が底を尽き、アパート生活の維持が困難になっています。もう、どうしたらいいか……。実家を占拠する次女は25年間、働いていません。毎月、仕送りを要求されています。次女から電話がかかってくるのは、その時だけです。今、次女は生協の宅配を利用して暮らしていますが、そのお金も仕送りとは別に私が払っています」

生協？　宅配？　そんなこと、聞いたこともない。長年、ひきこもり支援に関わっている加藤にとっても初めてのことだった。

「松本さん、とにかく生協をやめさせましょう。そんな優雅な生活をしていたら、外に出るわけがないですよ。私が松本さんの代わりに利用の中止を通告して、今後は現金の振り込みだけにすると迫れば、千秋さん、私と会うのではないでしょうか」

25年間、悪化することはあれ、好転の欠片《かけら》も見えなかった事態に一筋の光が見えてきた。

「神の救いかと思った……」

信二の紛れもない実感だった。

こうして松本千秋は、支援者である加藤の前に現れた。

千秋を追い出さなければ

松本信二が目の前にいた。白髪は短く刈り込まれ、顔にはシミが目立つ。丸まった背中、よろよろとおぼつかない鈍い動作。足が弱っているので、杖《つえ》をついてゆっくりと歩く。

信二がリュックの中から千秋にまつわる資料を取り出し、こちらに示す。

「これが千秋に振り込んだ振込用紙です。加藤さんから取っておくように言われて、こうしてまとめてあります。もう1000万円以上、振り込んでいます。これ以外に千秋の携帯電話代と、携帯で注文しているケータリング代も毎月払っています」

声が震えている。かつて、エリートサラリーマンとしてバリバリ働いていたであろう面影はどこにもない。年収1500万円を稼いでいたという自負や風格は跡形もなく、憔悴《しょうすい》しきった哀れな姿があった。

「もう、どうしようもありません。女房にがんが見つかり、長女もうつと乳がんで、医療費がとんでもなくかかるんです。病人の女房と娘を、僕が一人で守ってきました。だけど、僕だってもう歳《とし》ですし、これだけの薬を飲んでいるんです」

そう言って見せてくれた「おくすり手帳」には、心療内科で処方されたという睡眠導入剤や抗うつ剤などのほか、内科では6種の薬が処方されていた。

「食事は、朝だけ僕が作っています。目玉焼きとパン、トマトとブロッコリーのサラダです。昼はインスタント食品、夜は弁当を買ってきます。今の家賃は3DKでひと月8万5000円。弁当代などの食費や水道光熱費、医療費と合わせて月に22〜23万円かかります。年金が2ヵ月で33万8000円ですから、どうやっても暮らせないのです」

現役当時は高収入世帯であったにもかかわらず、今や世帯全員が生活困窮者自立支援法の支援対象になっている。生活保護を受ける一歩手前の困窮者なのだ。

信二がため息をつき、続ける。

「退職金の1000万円は全部無くなりました。家族がバラバラになって以降のアパートの家賃に加え、千秋への月5万円の仕送りと電話代1万円も払っていますから、それだけで1700万円は使っています。定期預金を解約したり、株を売って600万円を作りましたが、それも底を尽きました。あとは、あの家があるだけなんです。千秋を家から追い出し、あの家を早く売って、安い家を買って、差額で得た現金で暮らしていくしかないんです」

崖っぷちまで追い詰められているのだと、信二は天を仰ぎ、繰り返し訴える。

「私は75歳まで働いてきました。退職後は、女房とゆったり暮らそうと思ってました。家の周りを散策したり、二人で旅行したり。それが、なんでこんなことになってしまったのか……」

信二の口元には、元凶は次女・千秋だという苦々しさがありありと滲《にじ》む。

それにしてもなぜ、ここまで千秋のひきこもりは長期化したのだろう。外部に相談するという発想はなかったのだろうか。

「世間には隠しておきたい気持ちがありました。隠せるものは隠したい。隣近所に知られてしまったら、あそこには住めない。いたたまれなくなって、あの地区から出て行かないといけない。それだけはどうしても避けたいと思っていました」

ひと息おいて、信二は続けた。

「今は、ひた隠しにしたことが長期化を生んだ原因だと思っています。ここまでになったら、家族だけでは絶対に解決できない問題であることもわかりました。下手したら、一家心中まで行ってしまう。同じように苦しんでいる人がいるとしたら、生活困窮者支援という広い窓口があることを知ってほしい。そうすれば、僕のように助かる人がいるということです」

気が済むまで、絶対に家から出ない！

ある日、加藤は千秋に対して、相談室で面会を重ねる中で見えてきた支援の道筋を伝えた。

千秋が家を出て、アパートに移り、移った先の自治体で生活保護を申請して、暮らしていく。同時に、自宅を土地とともに売却して現金を作り、信二ときみ子、由紀の生活費に充てるというものだ

加藤の判断では、千秋を単身で世帯分離して、生活保護を受けさせるしか策はない。それしか、千秋そして松本家に対する支援の道筋はあり得ない。

途端に、加藤の前に座る千秋の表情が一変した。

「家を売る？　私の考えも聞かずに勝手に？　私に家を出ろって、おかしくないですか？　父はいつもそうやって、勝手にものごとを決めていくんです」

加藤には、千秋のその言い分も分からなくはなかった。千秋の主訴には根拠があるとも感じている。信二はきっと、強い父だったのだろう。自分の言う通りにすれば食いっ

ぱぐれがない人生が送れるはずだと考え、それを押しつけてきたのだろう。信二にしてみれば押しつけたつもりはなくても、千秋ははっきりとそう感じてきたわけだ。

しかし、そこにこだわっていては何も動かない。次回の面談には不動産業者にも同席してもらい、転居への現実感を強めていく必要があると加藤は考えた。


千秋への支援者としての関わりが始まったのが2016年8月のことだが、実際に千秋が家を出て、確保しておいたアパートに移ったのは、そこから2年以上過ぎた2018年10月のことだった。

この間、事態は遅々として進まなかった。千秋はさまざまな理由をつけて、家を出ようとしなかった。

千秋は、父・信二に電話をかけて猛烈に抗議した。

「これって、あたしの一生の問題だってわからないの？　あたし、気が済むまで、絶対に家から出ない！　みんなが出て行ったあと、あたしに何もアプローチしなかったじゃないか。同じ子どもなのに、あたしにはなんの配慮もないじゃない！　だから、全部面倒見てもらうのは当たり前のことなの！」

一方、相談室ではしおらしい。

「まだ転居先探しには動いていませんが、条件をいろいろ考えています。転居先を探すにも食品をまとめ買いしなきゃいけないし、その際の交通費など費用がかかります。加藤さん、父に今月分の仕送りを払うように伝えてください」

時には途方にくれる。

「父から『家を出て行かないようなら、法的手段を取る。弁護士を立てる』という手紙が届いたんですが、引っ越しする気持ちがないわけではないんです。ただ、気持ちの整理をつけてからと思っているだけなのに、こんなふうに一方的に言われて、私、どうしたらいいんですか?」

そんな中で自宅の売却に向けて不動産業者が訪問しても、絶対に千秋は内見させることはなかった。内見不可のため、家の買い手を見つける段取りもできないばかりか、千秋本人が不就労のため、自身のアパートの契約も難しかった。家の売却に乗ってきた一社はギブアップした。

2017年5月、生活保護費で規定された家賃の上限より高いが、千秋の賃貸アパート契約が完了した。この時から父・信二が、そのアパートの家賃6万1000円も払うことになった。

相談室で、千秋は加藤に訴える。

「父から、5月と6月分の生活費が振り込まれていないんです。振り込んでくれないと動けません。加藤さん、父に伝えてください」

　金の無心が続くかと思えば、突然、こんなことを話しだす。

「自宅の売却交渉を、私にさせてほしいんです」

　加藤は優しく諭す。

「信二さん名義の家ですから、法律上、できませんよ」

　千秋は納得できないという表情で席を立つ。その背中に加藤は呼びかける。

「千秋さん、とにかく早く引っ越してくれないと。アパートの家賃を、お父さんが払い続けているんですよ」

　そうしたさなか、千秋に不可思議な言動も見られるようになった。

「絶対に盗聴されているんです。周囲に誰かがいて、見張られてるのがわかるんです。私、命を守るためにあの家にいるんです」

　妄想にも、生まれる場所がある。そこには何か、根拠がある。家を出ることに相当の不安があるのだろう。おそらくゴミ屋敷になっているとはいえ、現にあの家に千秋は守られて生きているのだ。

　この後、医療的観点から、千秋の支援には地域保健センターとの連携が不可欠となった。加藤や保健師は千秋に、精神科の受診を勧めた。幻聴や妄想という所見から、統合失調症が疑われたからだ。だが千秋は、医療機関にかかることを頑として受け入れなかった。精神障害の診断書があれば精神障害者保健福祉手帳（障害者手帳）を取ることができ、生活保護だけでなく、障害者の自立支援制度も利用できる。そうして千秋の生活を支えたいと考えていたのだが、千秋の頑ななまでの拒否でそれは叶《かな》わなかった。

ようやく転居日を設定するところまでこぎ着け、運送業者も手配した。しかし、その日、千秋の抵抗に遭い、運び出せたのは段ボール箱6個のみ。

半月後の２０１８年10月、午前9時半に千秋が占拠する自宅前に集合したのは加藤と信二、不動産業者、保健師、警察官、そして鍵の専門業者。数日前に警察官立ち会いのもとに突入を試みるも、玄関と勝手口の鍵に細工がなされ、入れなかったという経緯があったため、鍵の専門家に立ち会いを求めた。

専門業者に玄関を解錠してもらい、加藤と信二が家の中に足を踏み入れた。形容しがたい異臭が鼻を突く。目の前に広がるのは、天井までうずたかく積み上がったプラスチック容器の山という山……。すべて、千秋が注文したケータリングの空き容器の残骸だった。それが、食べ残しとともに所狭しと積み上がっている。ここまでになっていたとは……。加藤も目の前の光景が信じられない。加藤以上に衝撃を受けていたのは、信二だった。ただ呆然《ぼうぜん》と立ち尽くす。自慢のマイホームだったものの、「今の姿」に。加藤が2階にいるはずの千秋に向かって、呼びかける。

「千秋さん、本当に家がなくなるんだから、アパートに移ってください。もう、ここはあなたの家ではない。あなたには借りている部屋がある。あなたがいる状態でここにブルドーザーが来るなんて、それだけはさせないでください」

まもなく、千秋が2階から下りてきた。チノパンに黒いセーターという装いで、なぜか小型のテレビを持って。

加藤を睨《にら》みつけるその眼《め》には、憤怒《ふんぬ》の炎が宿っていた。私が家族に捨てられるという状況を、先頭に立って指示したのがこいつだ。そこには度し難い恨みが込められていた。

なぜ、私は家を追い出されるのか。

なぜ、私はこんなに多くの人に見られないといけないのか。

なぜ、私だけが一人、家からアパートに出されるのか。家族が3対1になっているのか。

言葉には出さなくても、千秋が発する怒りのオーラがそのことを物語っていた。

千秋は不動産業者が用意した車に乗り込み、アパートへと移っていった。

ゴミ屋敷の中は……

転居先で千秋は生活保護を申請して受理され、保護が開始された。ケースワーカーから「保護費は手渡しで」と約束させられたため、受給日は福祉事務所に出向くが、それ以外はほぼアパートにこもって暮らしている。

加藤をはじめ行政の担当者も、「千秋には生活保護受給しか手段がない」と考えるには理由があった。

「まだ50代、生活保護の窓口では『まだ働けますね』と言われる年代だが、彼女は気位がすごく高いから、ファストフードのカウンターで『いらっしゃいませ』なんて絶対に言えない。働く術《すべ》を持っていない。就労をゴールにするのは非常に厳しい」

その後、一度だけ、加藤は保健師や不動産会社の担当者とともに千秋の面談に立ち会った。

「彼女は横を向いて、決して僕の顔を見ようとしなかった。あんな追い出し方をされて怒っていますと、しっかりアピールしていた」

千秋の口からは、いつものストーリーが語られた。

「父は私を生活保護受給者という社会的弱者に貶《おとし》めて、自分に従わせようとしているんです」

加藤の千秋への支援は、これで終了した。このような関係になってしまった以上、今後、千秋が相談室に顔を見せに来ることはないだろう。

「残念だけど、彼女の思うようにはしてあげられなかった。あとは、彼女がどう変わっていけるのか。お姉さんもそうだが、一つの価値観だけ押しつけられて、強い父に『こう生きろ』と半ば強制されてきたのだろう。多様な価値観、多様な選択肢をおそらく与えられずに。その結果が、二人の姉妹それぞれのかたちになったのだろう……」

千秋が家を出た半年後、私は千秋が去った松本家の内部に入る機会を得た。

ゴミはすべて運び出され、片付けられた状態だと事前に聞いてはいたが、玄関の土間に立った瞬間、「入りたくない」という直感に身体が固まり動けなくなった。床は、土足以外で上がれる状態ではないことは一目瞭然だった。内部に入った途端、つーんと饐《す》えた臭いが鼻腔《びこう》を襲う。腐った食べ物はもはや存在しないのに、吐き気が何度もこみ上げてくる。

かつての豪邸はもはや、ここに人が住んでいたとは到底思えない、家とはとても表現できない、禍々《まがまが》しい空間と化していた。

防音装置付きの音楽室、贅沢《ぜいたく》すぎるほどスペースがあるリビング、ケヤキの一枚板の天井など、意匠を凝らした造りが随所に見られ、収納も工夫されている。エリートサラリーマンが造り上げた自慢のマイホームの、40年後の姿がここにあった。高級住宅地に意匠を凝らした家を建てることができた、より裕福な家庭がたどり着いた場所が、ここなのだ。

壁も天井も黒ずみ、リビングの床は腐り、床も階段も色が不気味に変色し、至るところにカビが発生し、靴で踏むことすらおぞましい。

ある上流家庭が希望に満ちた暮らしを始めた家の、成れの果ての姿だった

千秋が寝起きしていたという2階の洋室も、ベッドの上までゴミが押し寄せていたという。シーツなどの寝具は何年も洗濯していなかったため、変色し、非常に不潔なものになっていたと聞く。その上で、彼女は何年もの間、生活していた。ケータリングで食べたいものを注文し、容器を周辺に置いておくことの繰り返しでできた、とてつもないゴミの山に守られて……。

母に食い尽くされた息子

ぼそっと池井多《いけいだ》・56歳「母よ、逃げ得は赦さない」

その男性は自らを、「ぼそっと池井多《いけいだ》」と名乗った。この名に託して、数年前からひきこもり、かつ８０５０問題の当事者として、自身の思いや考えをウェブや雑誌で発信している。

56歳のひきこもり当事者が顔を出して話してくれることから、取材の申し込みも多く、かくいう私もその一人だった。

インタビューの場所は、ＪＲ新宿駅そばの喫茶店。このために池井多は、「駅から徒歩35分、生活保護受給者でも入れる安いアパート」から出向いてくれたのだ。池井多は現在、うつ病のために働くことができず、生活保護を受けて一人暮らしをしている。その意味では高齢の親と同居する「８０５０問題」当事者とは生活形態を異にするが、高齢の親との確執を抱える中高年ひきこもりという点において当事者である。

中肉中背、白いものが交じったあご鬚《ひげ》が、重ねてきた年齢を物語る。短く切り揃えた髪を横分けに撫《な》でつけ、シャツにジャケットというこざっぱりとした服装に、対面する相手を気づかう誠実さがうかがえた。

池井多はまっすぐにこちらを見て、物静かに話を始めた。

「先週は水・木・金・土と一歩も外に出られませんでした。日曜日は講演の約束をしていたから仕方なく出て行きましたが。今日だって〝止まっているモード〟に入っているから、動けないいんです。だから、ものすごい馬力で立ち上がり、ロケット発射みたいな勢いで、ドアを開けて出てきたんです」

ドアの向こうに出るだけなのに、それほどのエネルギーが要るとは……。瞬間、ひきこもりという実態の、ほんの一端を垣間《かいまみ》見た思いがした。そこまで動けなくなってしまうのか。それが、ひきこもるということの現実なのか。

池井多は感情に走ることなく、淡々と語る。彼には何より、表現力がある。語彙の豊かさ、たとえの見事さに、知的能力の高さを思わずにはいられない。

それもそのはず、学歴は名門中高一貫校を経て国立一橋《ひとつばし》大学卒だ。エリートコースを着実に歩んできた、社会的に賞讃《しょうさん》される経歴だといえよう。

だが、順調な人生はそこまでだった。大学4年時に大手商社と大手旅行代理店の内定を得たものの、うつを発症。身体が固まって動けなくなり、内定を辞退。そのまま大学の寮でひきこもった。池井多は、自身のひきこもりをこう表現する。

「母親によって埋め込まれた時限爆弾が、そこで爆発したのです」

その言葉が意味するものは、生い立ちをたどればほどなくわかる。

優秀な大学に入る学力があり、就職活動でも大手企業が欲しがる人材であったはずなのに、なぜ池井多の「その後」は、同年代男性と全く異なるものになってしまったのか。同級生のほとんどが有名企業の正社員として就職し、家庭を持ち、今や子どもも自立し、定年を前に「オレの人生も……」などと振り返る時期になっているというのに。

すべての鍵を握るのが、母・道代《みちよ》（仮名、83歳）の存在だった。池井多は吐き捨てるように自らの母をこう表現した。

「母親ほど始末の悪い女性はいない。煮ても焼いても食えない。到底、描写できないような人物です」

スパゲッティの惨劇

母が絶対的権力を持つ家庭だった。

1933（昭和8）年生まれの父・茂夫《しげお》（仮名、86歳）は工業高校卒で、中小企業の平社員。対して、1936（昭和11）年生まれの母・道代は、東京女子大学卒業の塾経営者。収入は夫をはるかに上回り、家では大黒柱として君臨した。高度経済成長期の家庭といえば夫がモーレツサラリーマンで稼ぎ頭というのが典型だが、その意味では、母が権力を握る異質な家庭だった。

池井多が生まれたのは、1962(昭和37)年。第一子で、8年後に弟が生まれたゆえに、幼少時はほぼ一人っ子として成長した。

道代の父は有名な食品メーカーの満洲支社長で、母方の祖父は外交官という家柄だった。横浜育ちの道代は、幼少時から「お嬢さま」として、〝蝶《ちょう》よ花よ〟と育てられた。

道代が大学に進学したのは1954年だが、当時、女性が大学まで進むのはかなり珍しく、しかも名門女子大だ。家柄ばかりか知的能力にも、恵まれた女性だったことがわかる。

そのお嬢さまが、なぜ工業高校卒の男と結婚したのか。池井多は自嘲気味に言う。

「断片的な情報から推察するのですが、母は東京女子大時代に一橋大の学生に憧れていた。そして多分、その一橋の学生にフラレたんです。それで、これ見よがしに、小劇団の活動で出会った、学歴のない男と結婚した。私は、これを『腹いせ婚』と呼んでいます」

母・道代が主導権を握って作った家庭に、「安らぎ」はなかった。

池井多の幼い頃の記憶に、くっきりと浮かぶ光景がある。狭い社宅の部屋で父親はテレビを見ている。その後ろで道代は息子に向けて、こんこんと同じことを話し続けるのだ。

「あなたね、お父さんみたいになったらオシマイよ。学歴もない、収入もない、なんの才能もない。こんなふうになったら人間オシマイだから、おまえはなってはいけません。おまえは一橋に行きなさい」

一橋の学生に相手にされなかったというのに、道代には一橋大への強い執着があった。実の母が、実の父を侮蔑する。子どもにとって、これほどの理不尽はない。道代が直接、茂夫に語りかけることはほとんどない。いつも子どもに仮託して、夫を蔑むのだ。子どもは母の道具でしかない。

池井多が父への思いを振り返る。

「父のことは人間的には好きでした。決して父性的な父親ではなかったけれど。そのような父を見ながら、幼心にこう思ってました。『これじゃ、お父さんがかわいそうだ。怒っていいのに、なんで怒らないんだろう』と」

そして今、こう思わずにいられない。

「父に代わって、私が今、父の怒りを体現している。父は母にこう言いたいのだ。『おまえが一生懸命になって一橋に入れた息子が、今、何にもなっていないじゃないか！おまえの考えは間違いなんだ！』と。このように私は自分の人生を使って、父の無念を晴らしているのかもしれません」

家族団欒《だんらん》の時間は、見せかけとしてはあった。けれども、幼子にもそれは偽りとわかるものだった。それを象徴するのが、こんな食卓の光景だ。
「母はお嬢さま育ちのせいか、味噌汁《みそしる》や煮物といった一般家庭の料理はあまり作りませんでした。だから私には世間一般的な『おふくろの味』がありません。母がよく作ったのは、スパゲッティナポリタンでした」

父が帰宅する直前、夕食を舞台として、道代が作るシナリオが炸裂《さくれつ》する。夕方、塾の生徒が途絶える時間になると道代は決まって、息子にこう聞いてくる。
「おまえ、夕ごはん、何が食べたいの？」

幼心に、「希望」を言える関係性でないことはわかっていた。何より、「希望」を出すと借りを作る。希望を通してやったから、今度は「おまえが何かをしなさい」となる。だから、こう答えるしかない。
「なんでもいいよ」
「なんでもいいじゃわからないわよ！　何を食べたいのか、言いなさい！」

幼子は答えようがない。気まずい沈黙を破り、道代はもともとあった選択肢へと息子を誘導する。

「ねえ、スパゲッティ、食べたくない？」

息子から答えが返ってこないことに、次第に道代は苛立《いらだ》っていく。

「食べないの？　スパゲッティ、食べたいでしょ？」

「スパゲッティ、食べたいのね！」

母の苛立ちが怒りへと変わりかけている以上、息子はこう言うしかない。

「はい、スパゲッティ、食べたいです」

「よし、作るわよ」

だが、スパゲッティナポリタンの皿が目の前に置かれても、もともと、それほど食べたかったわけではないので、食は進まない。のろのろ食べていると、道代の激昂《げっこう》が頂点に達する。

「そんなに食べたくないなら、食べなくていい！」

スパゲッティの皿を奪い取り、台所の流しに投げつけるように捨て、スパゲッティが散乱する。

この時点で幼子は、自分が怒られていることの理不尽さを痛いほどにわかっている。しかし、それを克服することは無力な子どもだからまだできない。だから、泣くしかない。そこに決まって、父・茂夫が帰ってくる。道代はすぐさま、夫に訴える。

「お父さん、この子が『スパゲッティ食べたい、食べたい』って言うから出してあげたら、『こんなもの、食えるか!』って捨てちゃったのよ」

父は妻の虚言癖を十分に承知している。自分を被害者に仕立てる作り話が上手なことも。しかし、夫婦の力関係がはっきりしている以上、妻の作り話に乗るしかない。息子に向けて声を荒らげる。

「おまえ、そんなことをしたのか!」

「してないよ」

必死に抗弁しても埒《らち》があかない。そこで道代は夫にささやく。

「お父さん、殴って」

茂夫はおもむろに、ズボンからベルトを引っ張り出し、そのベルトで息子を叩《たた》きつける。

「ごめんなさい、ごめんなさい」

幼子はベルトで打たれ、泣きながら必死に謝り続ける。

それが、池井多が記憶する家庭料理を巡る光景だ。

「いつも、そういう展開です。時にスパゲッティがチャーハンだったりしますが、いずれにしてもおふくろの味などというあたたかいイメージで、母親と食べ物をつなげて考えるなんてできません。小さい頃は親に食べ物を出してもらわないと生き抜くことができないので、そのシナリオの繰り返しで暮らしていくしかありませんでした」

それは食事に限ったことではなく、たとえば家族旅行の場面でも、池井多は何かにつけて根拠のない罪を着せられた。そして、道代が夫に「土下座させて」と命じれば、夫は妻に言われるがまま、息子への虐待者となった。

母・道代による「心理的虐待」も日常的だった。

池井多は道代から命じられるがまま一橋大学に入らなければならないため、小学校3年生から毎日、夜中の1時2時まで受験勉強をすることを道代から課せられた。

「私が従わないと、『お母さん、死んでやるからね！』って言うんです。一日一回は言っていました。幼い子にとって、親の死は自分の死よりも恐ろしい。でも、それを止める術がないわけです、言うことを聞く以外は。だから、どんな理不尽も受け入れていました。そうやって母親は息子を支配していたんです」

相談したり、頼れる大人はいなかった。転勤族のため、近所に深い関わりを持つ住民などはいなかった。

「社宅に住んでいましたが、母親はプライドが高いから、引っ越す先々で周りと人間関係が作れないんです。となると、参考になる良好な人間関係のモデルがない。なので、私も人間関係が作れず、虐待されても駆け込むところがなかった。仮にもし深い関わりを持つ人ができたとしても、その人も結局は母の味方になってしまうだろうと思ったので、そうした人も求めていませんでした。要するに、子どもである私の声を聞いてくれる存在が世界のどこにもいなかった。人生の暗黒時代です。よく生き延びたと思います」

母親の人生観・価値観に真っ向からぶつかる力はなかった。母親が推薦してくる「学歴を重視する人生」は、世間も〝よし〟とするものであったため、なんとなく従ってしまった。だが、そもそも、なぜ一橋大学に行かなければならないのかもよくわかっていなかった。

言うことを聞くのは、ここまでだ

一橋大学に合格した。

この時、「これで母親の宿願を果たしてやった」とはっきり思った。

「合格したのだから、これでこれまでの貸し借りの関係は逆転して、母親がこれまでの虐待を私に謝らないといけないはずだ。そういう思いで、私は合格通知を手に、家に帰ったのです」

焼肉屋で祝いの席を用意しているという。家族の前で合格を伝えた。その後に待っていたのは、「おめでとう」でも、「よくやったね」でもなかった。

道代はこう言ったのだ。

「あのね、明日からおまえは英語の勉強をしなさい。私は一橋の英語のレベルをよく知ってるの。おまえのレベルでは太刀打ちできないから、これからは英語の勉強をしなさいね」

滑り止めで有名私大にも合格していた。その件については、聞いてもいないのに道代は得々と語りだす。道代のいとこは、有名教育出版社の編集長だった。

「おまえ、私大にも受かったけど、あれはね、私がいとこに頼んで、おまえを裏口から入れてやったんだよ。おまえの力で勝ち取った合格ではなく、私の手柄なの。お礼を言うのは、おまえのほうなんだよ」

何かがブチッと切れた。


親元を離れ、大学生活が始まったが、授業に出る気力を持てなかった。ひきこもりの前段のように、大学の寮から出かけることはあまりなかった。

「報酬なき人生でした。ゴールを成し遂げても、親から肯定してもらい、承認してもらえるという報酬がなかった。今ははっきりわかるんです。私がなぜ働かないか。何かをすることで報酬、すなわち褒められたり快楽を得ることを何度も経験している人ならば、働くでしょう。でも、私は報酬を得て感じる喜びを知らないから、働く動機がない。ゆえに働かない。私の30年以上にわたるひきこもりを自己分析すると、背景にはそういうこともあるのかもしれません」

学生時代に彼女ができ、結婚も考えた。父に相談したところ、「実家へ連れてこい。母も丸くなったから」と言うので、彼女と実家に何泊かした。

「実は、避妊具を彼女のバッグに入れてもらっていたんです。私のカバンの中は、確実に母が見るので。ところが、二人で出かけている時に、母は彼女のバッグの中までを全部開けて調べて、それを発見して、彼女の実家に電話をかけたのです。『お宅の娘は商売女だ』と。それで、向こうの実家が大変な騒ぎになって、別れることになりました。続かなかったです」

だが、その怒りを母にぶつけることはしなかった。

もう、死のうと思った。

大学卒業の時期が来た。

成りゆき任せでよくわからないままに企業回りをして、なんの苦労もなく内定を得た。そこまでだった。突然、うつを発症、身体が動かなくなり、寮にひきこもった。

「母親の言うことを聞くのは、ここまでだと思った。うつを発症して動けなくなった、というか、正確には母への怒りで動けなくなりました。それで会社員になるのをやめました」

　このまま大企業の会社員になってしまえば、母親の虐待を肯定したことになってしまう。

「『僕はあなたの虐待のおかげで、ここまで来れました。立派な企業に入れました』って、母親に感謝しろって言うのか？　冗談じゃない！」

　大学の寮で動けなくなったため、自宅から出られなくなるひきこもりとは異なるものの、２年留年し、そして、卒業とともに退寮を迫られることになった。

「当時は１９８０年代半ば。ひきこもりという概念もなく、日本でひきこもっていても格好がつかないので、海外へ行こうと思いました。どうせなら、死ねそうな国に行こう、そこで自然に死ねたらいいなと考えました」

　バックパッカーとして、ヨーロッパから中東へ、そしてアフリカへ渡った。バイトでお金を作って、安宿にひきこもる日々。ビザが切れれば仕方なく部屋を出て、また新しい国に渡り、新しい町でひきこもり先を探す。現地の人とは最低限の交流しかしなかった。

「バックパッカーで何年間も何ヵ国も旅していた、というと『活動的』と思われやすいのですが、現実には一日中何もせずに安宿の部屋にいただけです。だから、〝そとこもり〟でした」

20代は、ほぼ海外で暮らした。アフリカには3年いた。5〜6年の〝そとこもり〟の後、30代に入って帰国したのは、父が病気だという知らせが母からあったからだ。しかし、帰国してみると心配するほどのことではなかった。

帰国後、父の単身赴任先の団地で二人暮らしを始めた。仕事をすることはなく、父の食事を作る毎日だったが、人の伝手《つて》で「国際ジャーナリスト」として本や雑誌記事を書くなどの仕事をするようになった。とはいえ、成りゆきでやっているだけであって、別に興味があったわけではない。

そうしているうちに、面倒を見てくれていた編集者が急逝したことと、阪神・淡路大震災とオウム真理教による地下鉄サリン事件などにより不安感が高まり、うつが再発。書く仕事はすべて断り、団地に一人でひきこもった。一緒に暮らしていた父は定年を迎え、家族のもとに戻ってすでに3年が経っていた。

1995年、33歳の時だった。

「外の光を見るのが嫌で、雨戸を閉め切って、穴蔵のようなところにひきこもっていました。『外の世界は動いているんだな』と思い知らされるのが、すごく嫌でした」

そんなこと、なかったわよねっ

なぜ、自分はこうなってしまうのか、その理由を知りたかった。団地に図書館の分室があり、そこまでなら誰にも会うことなく行くことができた。池井多は精神分析学者・フロイトの書籍を貪り読んだ。

「フロイトの理論を学び、セルフ精神分析をしたことで、幼少期の精神構造を言葉にできたのです。うつで動けないのは、怒りがたまっているからだ。これは家族の病気だ。その中でも母親だ。母親が私への虐待を認めるべきだ。そうすれば、私もうつを治せるかもしれない。そのうえで、一人前に働けるようになりたかった」

痛切な思いだった。当時、アダルトチルドレンの概念が広まりつつあった。アダルトチルドレンとは、親による虐待や家族間の不仲など機能不全家族の中で育ち、生きにくさを抱えている人のことを指す。不登校や摂食障害など、個人に問題があるとされてきたものが、実は家族間の関係性に起因するものであるという視点が生まれたことで、家族全員で問題を考えるという家族療法も提唱されるようになった。

池井多は、それに大きな可能性を感じた。

「家族会議を開いて、家族の歴史を整理したい。うちがこうだったから、今、私はうつになっている。そのことを家族で確認して、一緒に精神科医につながって、家族療法をしてほしい。そうすれば、きっとひきこもりから抜け出すことができるはず……」

父親に手紙を書き、家族会議を提案した。1999年5月、37歳の時のことだった。

そして会議は開かれた。

「お母さん、小さい頃、夕ごはんの時、スパゲッティを投げ捨てたよね？　お父さんにベルトで叩かせたよね？」

一つ一つ、過去を確認しようとした。

しかし、待っていたのは池井多曰《いわ》く、「否認の壁」。

息子の問いかけを、母・道代はことごとく否定する。

「そんなこと、なかったわよねっ。ねえ、お父さん、そうでしょう？」

母親の言葉に父親は震え上がって、同調する。

「そうだ。そんなことは一切なかった」

池井多はいかに自分が甘かったか、母親を見くびっていたかを思い知る。これが、自分が生まれ育った家族のありのままの姿だった。

自分の思うようにならなかった息子は要らないとばかりに、家族会議以降、池井多は放逐《ほうちく》された。その後19年間、実家とは音信不通のまま、弟の結婚式にも呼ばれることはなかった。

この時期のひきこもり生活を支えたのは、ジャーナリストとして2～3年間で稼いだ、わずかばかりの蓄えだった。それも底をつき、実家からの援助も期待できない以上、もはやホームレスになるしか、術はなかった。浅草から隅田川沿い、上野公園、新宿西口、日比谷公園と、暮らすのにはどこがいいかをリサーチしていた頃、通っていた医療機関のケースワーカーから生活保護を申請する選択肢を示され、その道を選んだ。

生活保護申請にあたり、福祉事務所は実家に「扶養照会」を送付した。送り返されてきたのは「精神的支援」のみ可能で、実質的援助は不可能というもの。翌年からは照会への返信すらないまま、もうすぐ20年を迎えようとしている。

その後、池井多は一人で家族療法をやろうと精神医療のクリニックにつながり、患者の自助グループに加わったりもした。

「40代は、治療者が患者たちを使ってやらせているそのNPO法人の事務局長として働いてはいたんです。でも、作業療法という位置付けなので、給料は一円も出ない。私は『働かない』という思想を生きてきたのではありません。働こうとしては突き崩され……という、この繰り返しでした。もっとも、うつの渦中にいる時は働くなんてことは考えられません。死ぬか生きるかという、身動きできない状態にいるので」

実質的な治療に至らないうちに、治療者は患者たちを使ってマルチ商法まがいの貧困ビジネスを始めることになり、その問題点を指摘した池井多は、治療者によって「女性患者をレイプした」「秘書に来た手紙を盗んだ」など、全く身に覚えのない荒唐無稽な罪を着せられ、追放された。

50代半ばを迎えた今になっても、母親への怒りは消えることはない。

「あのまま就職していたら、『おかあさま、虐待してくれてどうもありがとう』と一生、言わなければいけない人生でした。それはなんとしても避けたかったのです。せめてもの抵抗として、私はひきこもったのではないかと考えています」

まさに、母・道代に食い尽くされた人生だった。

「『もう大人なんだから、母親との過去なんてどうでもいいじゃん』と、アドバイスをくれる人もいます。でも、自分の人生と母親を『関係ない』と切り離すのは私には難しい。できないから、いまだにうつなんです。今も毎朝、母親と治療者への怒りで目が覚める。だから、動けない、働けない。こうした人生を送っているのは、親への復讐《ふくしゅう》という面もあると思います。『母親の思い通りになるものか』と思った結果が、今のひきこもりなのでしょう」

池井多にとって一つ、物理的に気がかりなことがある。それを池井田は「ＫＨＪ＝全国ひきこもり家族会連合会」という、ひきこもりの親たちの全国組織の名に引っかけて語る。

「『KHJ』という、ひきこもりの家族会がありますが、それとは別の私の〝KHJ問題〟があります。すなわち『(K)腐って(H)発見される(J)自分をどうするか問題』ですね。孤立したひきこもりが、高齢化して孤独死して、腐って発見される。今のままいったら、私もそうなります。別に不安ではありませんが、家主さんや近所の方にご迷惑をかける。かといって、近所づきあいはしたくない。じゃあどのように老いるか、という問題は感じています」

子どもの人生をつぶした罪を償え

「8050問題」に関しては、80代の親への支援メッセージとして、「親は、親自身の人生を生きてください」というものがある。50代の子どもに依存している状態から、脱すべきだという意味だ。

しかし、池井多はこれに真っ向から反論する。虐待されていた時に母親から散々、「責任を取りなさい。人はみんな、責任を取るものなのよ」という言葉を浴びせられてきた。今こそ、母親にこの言葉を返したい。

「今、あなたにあなたの言葉をお返しします。あなた、自分がやったことについて責任を持って向き合いなさい。責任を取ってから死んでください。親の人生なんか生きないで、親子関係で犯した罪、子どもの人生をつぶした罪を償ってから死んでください。逃げ得は赦《ゆる》さない」

いまだ、煮えたぎるほど母親への憎しみを抱える池井多は、「社会的ひきこもり」を提唱した精神科医・斎藤環のある発言を批判する。池井多が問題視するのは、雑誌『AERA』（2018年2月5日号）に掲載された、臨床心理士の信田《のぶた》さよ子《こ》との対談でのものだ。

対談のタイトルは、「根深い『母娘問題』に共存の道はあるのか？」。いわゆる「毒母」と子どもとの関係をテーマにした記事だ。

池井多が疑問を呈する部分を引用しよう。

「団塊母は必ず『あなたのため』という接頭語をつけた。その呪いの言葉によって、娘は母親からひどいことをされても、反射的に『こんなに自分のことを思ってくれてるんだから』というためらいが身体のレベルで生じる。罪悪感が身体化されているんです。だから反発できない。罪悪感を持たせて支配することを『マゾヒスティックコントロール』と呼ぶのですが、これは息子には効かない。母親にどんなに尽くされても、息子は感謝も罪悪感も感じないんです」

あるいはこんな発言もある。

「息子は『こんな親いらない』と思ったら簡単に捨てますよ。でも娘はそれができない。だから、母息子問題よりも母娘問題はこじれる」

斎藤は何を根拠に、こう断言しているのか。これは男性には「毒母」問題はないと言っているのに等しい。池井多の批判はこの一点にある。

人生のすべてを母親に破壊された男性＝息子が現にここにいるというのに、斎藤の説では、母に食いつぶされた息子はこの世には存在しないことになる。つまり、自分の人生が「なかった」ことにされてしまう。

著名な精神科医が「これが事実だ」と言ってしまえば、社会的には事実化されてしまうことに、池井多は強い危機感を持っている。斎藤だけに限るものではなく、ひきこもり当事者から見れば高みに位置する精神科医という立場から断定・類型化されることは恐ろしい。

だからこそ池井多は、ひきこもり当事者が自らの体験を自身の言葉で語っていくことを最も重視する。当事者の言葉で語らないと、正しい理解を生まず、当事者自身が苦しい立場に追い込まれる。

ゆえに、今日ものすごい馬力で自らを奮い立たせ、ドアの外に出ていくのだ。

金と暴力がコミュニケーションの手段

高橋敦也・54歳「母に会わせろ」

一見したところ、その男性は50代とはとても思えなかった。高橋敦也《たかはしあつや》（仮名）、聞けば年齢は54歳だという。実年齢より10歳以上老けて見えるのは、後退した白髪まじりの髪だけでなく、前歯が1本しか残っていないからだろう。

私の前にいる敦也は体幹が弱いのか、椅子に座っているのにぐらんぐらんと身体が揺れ、終始落ち着きがない。

市からの委託を受け、就労支援を行なうNPO法人の相談室。敦也の担当である会田《あいだ》圭一《けいいち》（仮名、58歳）の紹介で、私は敦也にインタビュー取材をお願いした。

名刺を渡して挨拶をし、その意向を伝えるや、敦也は目を剝《む》き、私の顔と名刺を交互に凝視する。通常の会話にはそぐわない不思議な間合いの後、敦也が口を開いた。

「それは嫌です。やめてください」

強い口調だった。ここで会田が助け舟を出してくれた。

「うん、嫌ならやめよう。じゃあ、もう一つ提案で、もし高橋さんさえよければ、私との面談の様子だけでも見てもらうというのはどうだろう?」

　敦也の動きが一瞬、止まる。

「じゃ、それはいいです」

　私は敦也にお礼を言い、面談に同席させてもらうこととなった。

　会田は、にこやかに話しかける。

「高橋さん、仕事はどうですか?」

「そっ、それは大丈夫っす。こうして働いてるわけですから」

　訥々《とつとつ》と言葉を発した敦也だが、不自然な間の後に、突然、会田に食ってかかる。

「だけど、なぜ母親に会えないんすかね!」

　急に激昂し、会田への不満を一気に吐き出す。側《そば》で見ていると、その様子になんとも危うい衝動性のようなものを感じざるを得ない。

　前歯が1本しかないためか、口から空気が漏れ、言葉が聞き取りにくい。唾液が溢れてくるため、口元を手ぬぐいでぬぐいながら敦也は話す。

　敦也の要求は、毎回決まっていた。アパートで一人暮らしをする母・和子《かずこ》(仮名、83歳)に会わせろということだ。しかし、会田は支援者として和子に会わせるわけにはいかない。それどころか和子にも、決して息子と連絡を取ってはいけないと固く伝えてある。

「仕事をしている」と敦也は言うが、それは週に何度か、早朝のコンビニで3時間ほどしているアルバイトを指す。母とは別に単身でアパートを借り、生活保護を受給しながら、少しずつ仕事に慣れていくというのが今の段階だ。敦也の生活はおそらく、昼夜逆転しているのだろう。だから、早朝の仕事が可能なのだ。

敦也はアパートで一人暮らしをする前の3~4年間、母と二人暮らしの実家で、仕事をせずにひきこもって暮らしていた。自室はゴミの山となり、風呂に入ることもあまりなく、会田が会った当初は全身、不潔極まりない状態だった。

母にこだわる敦也だが、実は家では母親に暴力を振るっていた。気に入らないことがあれば、布団をぶつけたり、顔を叩いたり、首を絞めることもあった。

母・和子はそうした息子の暴力に耐えかねて家を出て、アパートを借りて暮らしてきた。そうした中で自身のがんの治療費を捻出するため、自宅を売却する必要が生じた。それを受けて、敦也も実家を出て、アパート暮らしをするようになったのだ。

敦也は早朝3時間のアルバイトができるようになっているが、会田によれば、ここまで来るのに3年もの時間がかかっているという。

金ですべてを解決する文化

関西にある、戦前に開発された高級住宅地。山を切り開いて宅地造成がなされ、碁盤の目に区画された街区に、敦也の父は1970年代前半、土地を買って家を建てた。
敦也は両親と妹・倫子《みちこ》（仮名、50歳）の4人家族。父は大手ゼネコンに勤め、母・和子は専業主婦。敦也の父もまた、前出の松本信二同様、〝モーレツ社員〟として早朝から深夜まで働き、子どもや家のことはすべて妻に任せっきりの仕事人間の日々を送っていた。

敦也はどんな子どもだったのか。

空気が漏れる口で、自身についてぽつりぽつりと断片的に話すものの、生い立ちを確認しようとするも、なかなかストーリーがつながらない。敦也自身に語彙が少なく、表現力も豊かとはいえないせいもあるが、そもそも敦也自身、会田の支援に乗るつもりがさらさらないことも会話が続かない理由だった。

会田に会いにきたのは、電話で母の和子から行くように促されたことと、面談に行かなければ母親とは会えないという条件が課せられたためだ。だから、仕方なく、会田の前に座っているだけなので、最低限の情報しか与えないつもりなのかもしれない。

「小学校の頃は、授業中よく教室を歩き回ってて。理屈っぽいとか言われたり」

児童相談所や教育委員会で知能テストを行なったが、IQ（知能指数）に問題はなかった。一方で、対人関係がうまく築けず、立ち歩きをするなどの多動傾向が敦也には見られた。

会田は、敦也の子ども時代をこのように見ている。

「これまでの人生で、人とよくぶつかってきたと彼は言う。一種の生きづらさを抱えていたようだ。今なら発達障害のうちのADHD（注意欠陥・多動性障害）などの診断が出て、さまざまなフォローがなされる可能性は大きい。けれども、今の50代が小学生当時には、まだ発達障害という言葉すらなかったので、誰もそれに気づかず、学校生活の中で放置されてきたわけだ」

今なら医療機関で発達障害の診断が出れば、生きづらさを補う療育や治療につなぐことができる。また、障害者手帳が交付され、「自立支援医療」を使うこともできる。「自立支援医療」とは身体・知的・精神、発達障害者が利用できる制度で、ホームヘルパーの利用も可能なため、調理や掃除などの家事援助サービスが受けられる。会田は敦也への生活支援には、こうしたものを利用して生活の質を上げることも重要だと考えている。

家庭内は、どうだったのだろう。

「なんか、両親二人から暴力を振るわれてきたし、そういうのが日常のことだったし」

父と母双方から子どもへの暴力があったということは、暴力を是とする家庭文化の中で育ったことになる。

敦也は公立中学、県立高校と進み、名古屋の大学に進学した。そこで実家を出てアパートを借り、一人暮らしを始めた。

父は大手ゼネコンの幹部となり、社用車が自宅まで送迎する立場となった。父は学費以外に、年に300万円を敦也の仕送りに充てた。当時の一人暮らしの学生には贅沢すぎるほどの額だ。

大学を卒業した敦也は、父に訴えた。

「もっと学業を続けたいので、名古屋にいたい」

その後、父は結果として、毎年300万円の仕送りを25年ほど続けることになる。敦也は勉強どころか、働くこともなく、その金で遊興やギャンブルなど好きなように暮らしていた。

2010年に厚生労働省が定めた「ひきこもりの評価・支援に関するガイドライン」によれば、新たなひきこもりの定義として、「他者と交わらない外出」も含まれることとなった。これに照らすと、敦也も30年近く、ひきこもり状態にあったということだ。

敦也が49歳になった時に、父が死亡し、仕送りが不可能になったため、敦也は実家に戻り、母と二人暮らしを始めた。敦也は引き続き働くことなく、母・和子に金の無心をするばかり。昼夜逆転の生活で、金が無くなると暴力をちらつかせ、和子に金を出させる。暴力を是とする家庭で育った敦也にとって、それは常套《じょうとう》手段であった。そもそも家庭内暴力は、親子間で逆転するものだ。和子も和子で、強く言われればすぐに、金を与えてしまう。敦也は金を手にするとおとなしくなり、家を出てしばらく帰ってこない。金が無くなると、また脅して金をむしり取るという繰り返しだった。現金が底を突くと、和子は自宅を売却、分譲マンションに移ってまで息子に与える金を作った。

会田は、この親子関係をこのように見ている。

「お母さんは、敦也くんが幼い頃から、物を買ったり、金をあげることで機嫌を取ってきたのだろう。一方、モーレツ社員で子どもと直《じか》に関わることのなかった父親もまた、金を出すことで父親の役割を果たそうとしてきたのではないか」

この家のコミュニケーション手段は、暴力と金しかなかったのか。少なくとも金に重きを置くのが、この家の文化であったとはいえるだろう。

依りかかる母と息子

母・和子と妹・倫子が、会田圭一が勤務するNPOの相談窓口にやってきたのは、3年前のことだった。和子は必死に訴えた。

「昨夜も暴力があり、警察に電話しようかと思ったほどです。もう、あの子とは暮らせません。本当は自宅にいたいのですが、しょうがないです。私が家を出て、自分の妹のところで、しばらく暮らそうと思っています」

マンションに移ったものの、もう渡せる金はない。限界だ、とも続けた。

20代で嫁ぎ、中学生と高校生の子どもがいる妹・倫子にしても切実な問題だった。

「兄にはなんとしても、自立してもらわないと困るんです。母が死んだのち、私たち一家が兄の面倒を見るなんてことには、絶対ならないようにしたいんです。どこか、施設に入ってもらうとかしてほしい」

会田は、和子に強く念を押した。

「お母さん、お金はもう二度と渡してはダメですよ。とにかく、二人の関係が近すぎるんです。ここはお互い、離れましょう。口で言ってもダメなら、息子さんに手紙を書きましょう。『私は一人で、ゆっくり暮らしたい』と。必要なことがあれば、私に言うように伝えてください」

二人の要請を受けて、会田は敦也に会った。面会場所に渋々やってきた敦也は開口一番、こうぶちまけた。

「正直、母以外の人と話をする気、ないですから。なんで、あなたと会わないといけないんですか！　あなたと会ってもしょうがない。母と話したいだけっすから。仕事なんか、やろうと思えばできるから、こんな面談、必要ないんですよ」

会田は丁寧に話していく。

「仕事、どんなことができるの？　どんなことをして行きたいの？　お母さんとの距離が近くて、もめごとが起こるよね？　お母さんとの距離を取るためにも、外に出た方がいいよね？」

痛いところを突かれたのか、敦也も同意せざるを得ない。

「まあ、オレもそう思いますけど、とにかく母に会って、直接謝りたいです。自宅で母を待ちます」

そう話す敦也に、会田は和子から託された手紙を渡した。「一人でゆっくり暮らしたい」旨が記されていた。

「なんすか、この手紙。全く意味がわからないです。とにかく、母との話し合いが必要なんです」

会田は心の中でこう思う。

口では「働く」「母親と離れる」と言うけれど、本当にそうは思っていない。だってこれまで、働かなくても、暴れればお金が出てきたわけだから。

和子が家を出たことで、支援の一歩が進んだかのように見えた。だが……。

敦也は母にメールで訴える。

「昨日、図書館で空腹のために倒れました。病院に行きたいので、お金を送ってください。お母さんの肉じゃがが食べたいです」

和子はあっさり、1万円を敦也に送る。あれほどお金を渡してはいけないと口を酸っぱくして言われているのに、そうしてしまう。

あるいは、敦也は母の胸にグッとくるこんなメールも送る。

「オレはものすごく反省しています。頭も丸めました。家も墓も、長男のオレが守っているんだから、お母さんとも十分、うまくやって行けます」

心が揺れ動く和子に、会田は何度も諭す。「戻れば、息子のためにならない」と。しかし、返ってくるのは、涙ながらのこんな言葉だ。

「あの子はやっぱり、かわいいの。やっぱり、あの子は手放せない。あの子と離れては生きて行けない。とってもお墓を大切にしてくれて、あの子、長男としての意識が高いのよ。『お母さんのオムツを交換するよ』と言ってくれるの」

敦也はメールだけでなく、行動もする。母がかくまわれている叔母宅の前に雨の中、一晩中立って、大声で呼びかけを繰り返す。

「お母さーん、なんで、出て来ないんだよー」

これで和子は自身の妹宅にいることがいたたまれなくなり、家に戻ってしまう。そして、息子リクエストの肉じゃがを作るのだ。

このような母と息子の強固な共依存関係は、一日二日で出来上がるものではない。敦也が幼い頃から育まれてきたものと言えるだろう。

共依存はアルコール依存や薬物依存の患者に付き添っている、母親や配偶者などの存在から生まれた言葉だ。自分を犠牲にしてまで過剰に相手を世話し、相手から依存されることに自分の存在意義を見出《みいだ》し、自分と相手がその関係性に過剰に依存し、囚《とら》われている状態を指す。「愛情という名の支配」ともいわれるように、相手をコントロールし、自分の望むようにさせることで心の平穏を得るため、相手を決して自立させようとはしない歪《ゆが》んだ関係だ。

会田は内心、思う。息子にオムツを替えてもらえることがうれしいって、おかしくないか?

父の遺産も使い果たし……

事態は振り出しに戻った。和子は家に戻り、敦也に働く意思は全くない。会田は、ここで一旦、様子を見ることにした。母の決意が固まらないところで動いてもしょうがない。

そんな折、父親の遺産相続が整い、敦也にも200万円の取り分ができた。そのことを和子から知らされた会田は、和子に強く念を押した。

「いいですか。遺産を渡す時が大事ですから。渡すのは、なんらかの条件をつけてからですよ。ここはよく相談しましょうね」

数日後、会田の相談室に和子がやってきた。

「会田さん、遺産を敦也に渡しました。あの子、今度こそ、ちゃんとすると約束してくれました」

え？　うそだろ。どうやって渡したのかを聞くと、和子は嬉々《きき》として語る。

「『いい？　これが最後よ。これであなたもしっかり自立するのよ。今度という今度は、あなたを信用するからがんばってね』って言って渡しました」

会田は頭を抱えた。あれほど念を押したのに、こうもあっさりと無条件に渡してしまったのか……。和子の〝家族美談〟はさらに続く。

「あの子は目にうっすら涙を浮かべ、頷《うなず》いて、こう言ったんです。『心を入れ替えてがんばります』」

会田の語気が思わず強まる。

「簡単に渡しちゃったんですか！　あれほどきちんと相談してと、私、言いましたよね」

案の定、金を手にした敦也はどこかへ出かけたまま、しばらく帰らない日が続いているという。

会田は絶句するしかない。

これで、ハッピーエンドのつもりかよ。冗談じゃない。都合が悪くなると相談に来て、そうじゃない時は他者排除で、家族だけで閉じる。そうしてきた結果、今があるというのに……。

会田の予想通り、敦也は遺産を半年ほどで使い果たし、また和子への金の無心が始まった。出し渋ると、暴力が出るという母子の関係性に、なんら変化はなかった。

そこで会田は、強制的に母子を分離させることにした。デパートのレストランで二人を食事させ、和子をトイレに立たせ、そのまま用意していたアパートに和子を転居させるという作戦を強行した。

自身にがんが見つかったことにより、和子もついに決意し、転居先のアパートを敦也に決して教えないことも約束した。

こうして今、敦也は生活保護という支えのもと、早朝の3時間だけコンビニで働き、月4万円ほどの収入を得て暮らしている。

会田は今の敦也をこう見ている。

「生活保護や自立支援医療などの支えがあり、職場での理解があれば彼は働いて行ける。だけど、お母さんが家を売った金額の一部でも彼に渡してしまえば、元の木阿弥《もくあみ》だ」

実は会田はもう一組、似たような母と息子の支援に関わっている。会田はつくづく思う。

「『息子をなんとかしなきゃいけない』と、どちらの母親も思っている。両者とも、息子をダメにした原因は自分にあると思っている。甘やかして来た、と。そうわかっていても甘やかし続けている。なぜなら、それ以外の関係性が作れないから。甘やかす以外のものがない。子どもに対して、ダメなことはなぜダメか、言葉で説明することをしてこなかった。それは面倒くさいことだから。その代わりにお金を与えれば喜ぶのだから、それでいいとして来た。子どもをコントロールできていないだけでなく、親自身が自分をコントロールできていない」

さらにこの二つの家族には共通して、暴力があった。暴力とはコミュニケーションの方法として最も採ってはいけないものであり、最も稚拙なやり方だ。

会田は敦也を見ていて、強く感じることがある。

「彼は話ができない。それは、育ちの過程で対話していないからだ。だから、イライラすると椅子を蹴飛ばしたり、暴言を吐く。なぜなら彼は、それ以外の方法を知らないから。威圧感を与えるやり方が、この家では当たり前のコミュニケーションの方法だったのだろう。だから、彼もそうなるわけだ。そういう貧しい関係性から、往々にして、ギャンブルなど刹那的な嗜好《しこう》に走ってしまうのだ。言葉ではなく、力で威圧して言うことを聞かせるというのが家庭の文化だったとしたら、やがて子どもの成長とともに暴力は逆転する」

経済的には何不自由なく育った敦也だが、50代になるまで人として最も大事なことを、生まれ育った家庭で何ひとつ与えられることなく生きてきた。その結果としてのひきこもりであり、金の無心だったのだ。

顔を突き合わせて話すこと、お互いを思いやること、お互いの立場に立って考えることなど、家庭の真ん中にあるべきものを、この家族はいつ、どこで失《な》くしてしまったのだろう。

放置された老婆、立ち尽くす娘

水本真美・53歳「私はオムツを母に渡していました」

その母娘が「発見」されたのは、微《かす》かに残っていた「外」とつながる一本の糸があったからだった。

水本真美《みずもとまみ》（仮名、53歳）の高校時代の友人から、「家へ直接様子を見に行ってほしい」という依頼の電話を受けたのは、市からの委託を受け、生活困窮者自立支援事業に関わるNPO法人の窓口だった。支援者の木下義教《きのしたよしのり》（仮名、65歳）は住所を聞いて、その家へ直行した。

80代の母親と50代の娘が二人で暮らしていると聞いた木下は、介護に関わる地域包括支援センターにも「すぐ動けるように」と連絡を入れた。高齢の母親に、何かがあった場合を考えてのことだった。

木下は玄関で呼びかけた。

「ごめんください」

中からはなんの反応もない。

「娘さんのご友人から、直接、様子を見てきてほしいと依頼されて来ました。いいですか？　入りますよ」

家の中に足を踏み入れた木下は一瞬、目眩《めまい》を覚えた。家じゅうに新聞紙が、所狭しと天井にまで積み上がっている。目に入って来るのは、新聞紙の山だ。部屋中が新聞の山で埋め尽くされている。いったい、ここは人が住んでいる場所なのか、目を疑わずにはいられない。新聞紙の山と山の間に、わずかな隙間がある。人一人がやっと通れるスペースだけは、なんとか確保されていた。その通り道を抜け、居間だと思われる場所にたどり着くや、強烈な異臭が鼻を突く。糞便《ふんべん》の臭いだ。

「うわっ！」

そこで木下が見たものは、床に横たわっている老婆の姿だった。老婆が横向きで身体を曲げ、新聞紙とおびただしい数の使用済み紙オムツにまみれてひっくり返っている。いったい、どういうことなのか。にわかには信じがたい光景だった。生きているのか、それとも……。

その老婆こそ、真美の母・千代《ちよ》（仮名、87歳）だった。そして、木下の姿を認め、蚊の泣くような声で訴えた。

「……大丈夫ですよ」

「だ、大丈夫どころじゃないですよ」

顔色が土気色だ。千代が危険な状態にあることは、ひと目で明らかだった。木下は地域包括支援センターに電話し、救急車の手配を要請、千代は救急搬送された。搬送先の病院で、千代には重篤な褥瘡《じょくそう》があることがわかり、入院して治療することとなった。

千代の搬送が終了した後、木下は部屋の奥に女性が立っていることに気がついた。それが真美だった。真美はこの間、何ひとつ言葉を発せず、気配を殺して、一部始終を見守っていた。

人を寄せつけない雰囲気を感じたが、状況を確認しないわけにはいかない。

「娘さんですね？　いったい、お母さんはいつからこんな状態になっていたのですか？」

「あっ」と口を開くも、言葉がなかなか出て来ない。かなりの時間をかけて、真美は言葉を発した。

「だいたい、1ヵ月ぐらい前からです」

木下は首を振る。あり得ない。

「なぜ、こんなことになったのですか？」

木下の問いに、真美がぽつりぽつりと話しだす。

「母は転んで、そのまま寝たきり状態になって。椅子から落ちて、足が新聞紙で滑って。しばらく、自分で動こうとしていました。私が手伝っても、起こせませんでした」

木下はなるべく、穏やかに真美に話しかける。

「なぜ、すぐに救急車なり、助けを求めなかったの?」

真美の目が泳ぐ。どう言ったらいいのか、思いあぐねているようだ。

「母が人に言うなと。救急車も近所の手前、呼ぶなと言うし。病院に絶対に行きたがらない人だし、お金もかかるし。それに、どこに言っていいかわからなくて、高校の友人に電話をしました」

いくらなんでも、1ヵ月そのまま放置していたとは……。

「あなたはこの間、どうしていたんですか?」

「私はオムツを母に渡していました。母のトイレはオムツで、それを自分で取り替えていました。自分でやるからと。私はごはんだけ作っていました、やわらかくして。そこに寝かしておくしかなかったんです」

もし、その友人が動かなければ、この母と娘はどうなっていたのだろう。最悪、母が亡くなったとしても、この娘は何もできないままなのではないか。木下はそう思わずにいられない。昨今報道される「親の遺体放置」事件の、まさに一歩手前だった。

地域に埋もれていた「8050問題」当事者は、こうして社会に「発見」された。

回復した千代は、なぜ1ヵ月間も助けを求めずにいたかについてこう語った。

「この格好を人に見せたくない。だから、我慢した。人に見られるのが嫌だから。悔しかったねー。なんで自分で、もっと早く立てなかったのか」

ここまでの緊急かつ危険な事態に陥っていながら、この母は外部との接触を頑ななまでに拒んでいた。木下はこう思わずにいられない。

これがこの家のありようであり、文化なのか。頑なで硬直した母の前に、娘はなんと無力で、幼いことか……。

心配性で、仕切る母

私が水本真美と会えたのは、「発見」から1年半ほど経った頃だった。木下の紹介で、真美は取材に応じてくれたのだ。

白髪の短髪にノーメイク、ふくよかな身体をゆったりとした服で覆っている。おしゃれとはほど遠い服装、杖をついて歩く姿は、実年齢よりかなり上に見える。まだ50代前半なのだから、きちんと化粧をしておしゃれをすれば、もっと若々しくなるのにと思う。ファンデーションを塗るだけでも、顔の印象がもっと明るくなり、透明感も出るだろうに……。

私と目が合い、恥ずかしそうに微笑む真美のその口には、上の歯が一本もない。剝き出しの歯茎だけなのだ。あまりの衝撃に絶句しかけたが、真美に気取《けど》られないように一瞬、目を逸《そ》らした。すると、ブラジャーをしていないことにも気づいてしまう。彼女はすでに、何かを手放してしまったのだろうか。

真美は1966（昭和41）年に、1934（昭和9）年生まれの大工の父と、1932（昭和7）年生まれの専業主婦の母・千代との間に生まれた一人っ子だ。父と母は見合い結婚だが、千代には甲状腺の持病があったため、30代前半での結婚という、当時の女性としては遅い結婚、遅い出産となった。

経済的には決して豊かな家庭ではなかった。幼い頃から記憶するのは、「母が仕切る家」だということだ。真美はゆっくりと記憶をたどる。

「父はおとなしく、寡黙な職人気質《かたぎ》の人でした。主導権は母にあって、母はよくしゃべる人で、父は母によく怒られていました。母はちょっとしたことでも怒るんです。『こうなんだから！』と、決めつけ型というか。父が隠れて目薬を使うと、『何、使ってんのよ！』と始まる。母は薬の副作用を気にする人で、薬を使わないんです。なのに、父は母に隠れて目薬を買って、怒られる」

そうした両親の関係性を、真美はどのように思っていたのか。

「父がかわいそうだと思っていました。私はそれを見て、怒られないようにしようとするんですが、よく母から『おまえは、お父さんにそっくりだ』と言われて、やっぱり怒られる。でも、母の怒りは父に集中していました。今、考えると、父が私と母の間でクッションになっていてくれたのかもしれません。母は持病のせいで、イライラしていたと思うんです」

幼子の目にも、母の父への怒りは理不尽なものに映っていた。

母への遠慮があるのか、真美は子ども時代の暮らしについて、できる限りオブラートにくるんで話す。それでもぽろっと本音が漏れる。

「母は口うるさい割には大雑把で、食事はスーパーで売ってる惣菜《そうざい》に頼りきりでした」

真美に、母の「思い出ごはん」を聞いてみた。

「お弁当をよく作ってくれました。カルビとかを焼いてくれるんです。お肉屋さんなどで味がついているお肉を買ってきて、それを焼くんです」

それは「お肉屋さんの味」ではないか。母の手料理が存在しない家庭だったのか。

真美が記憶する食卓は、父と二人、テレビを見ながら食事をするというものだ。千代は頑なに一人、台所で食べるのが常だった。

千代の話になると物言いの歯切れが悪くなるものの、それでも伝えたいことを真美は言葉にしてくれた。

「いつも、母を怒らせないようにしようと思っていました。怒らせると面倒くさいから。でも、怒ってきますが」

千代は常に苛立ちオーラを全身から放ち、父と娘は千代を怒らせないように緊張していたというのが水本家の日常だったのだ。千代は少なくとも、家族に緊張を強いる存在だったといえるだろう。真美にとっての家庭とは、子どもとして無条件かつ無防備に、ゆったりとくつろげる安心な場ではなかったのかもしれない。

意を決したように、真美が口を開く。

「今でもそうなんですが、なんでも先回りして指図されるんです。私が今住んでいるアパートのことも、『あんなとこ、早く引っ越しなさい。危ないから』って。心配性なんです。とにかく、自分は心配だと。いくら、私が『大丈夫だ』と言っても聞かない。大雪とか台風とか、『あの時は心配だったのよ』って。母は心配がいいことだと思っているんです」

真美の言いたいことは、私にもよくわかる。個人的なことだが、私の母もそうだったから。心配というのは、余計な感情だと私は思う。心配とは相手＝子どもを思いやってのものではなく、自分のために必要なもの。私はそれを、「心配という名の管理」だと思っている。そのことを真美に伝えると、途端に目が輝いた。

「まさに！　自分の都合のいいように管理するんです」

真美に、母から逃げる個室はなかった。祖父が第二次世界大戦後の農地改革で得た土地に、長男と次男がそれぞれの家を建てたのだが、次男である真美の父が得た家は6畳二間の平屋だった。奥の6畳が父の寝室で、母と真美はテレビのある部屋で寝るという暮らしぶりだった。

千代は特に、近所に住む夫の兄一家との関わりを避けていた。

苛立つ母が主導権を握り、社会に対して頑なに閉じているという暮らしが、水本家の日常だった。

ノストラダムスに感化され

小学校から高校までエスカレーター式で上がれる私立に真美が進んだのは、千代の判断だった。

真美の小学生時代に影を落とすのが、いじめだ。

「1年生から4年生まで、男の子によく叩かれていました。引っ込み思案でおとなしかったから、やられたのだと思います。スクールバスの中で、結構いじわるをされました。欲求不満のはけ口にされたんだと思います。担任からは『いじめられるほうも悪い』と言われました」

せめて、担任が真摯に対応してくれたならば、違った学校生活になったはずだ。次第に真美は、学校を休みがちになった。千代は、真美がもともと鼻血を出しやすく、風邪をひきやすい体質だったため、娘が「休みたい」と言えばそのまま休ませた。ただ、千代自身、病院が嫌いで普段から医療機関にかかることはなく、真美のことも同様に家で寝かせて安静にさせておくのみで、「心配だ、心配だ」と言うばかりだった。

5年生で担任が代わり、朝、女子だけでソフトボールをやるようになった。そこで初めて球技の楽しさ、学校の楽しさを知り、身体も丈夫になり、休まずに通えるようになった。

しかし中学で、男子からのいじめが再発した。取材後に真美がくれた手紙に、この時期の状況が記されてあった。達筆な文字が印象的だった。

「(男子のいじめに) 耐えきれなくなって母に話し、母が担任に手紙を書いてくれました。それを担任がホームルームで読み上げるというかたちで、やっとピークは脱したのです。まあ、それでも軽いものは続きました。それで、勉強して見返せばいいと思いました」

この時に勉強をがんばったことが、のちの大学進学につながった。一方で、高校時代に無理なダイエットをした結果、身体を壊してしまう。

「ダイエットを我流でやったのと、受験勉強で不規則な生活をしたこととかが重なって、眼精疲労、頭痛、全身倦怠感《けんたいかん》と低血圧傾向になりました。その後、大学の健診で自律神経失調症ではないかと言われました」

精神面でも、のちの人生に影響を与えるような変化を体験した。

「高校1年の時、ノストラダムスの大予言の本と出会いました。地球環境や世界情勢の問題などとともに、人間社会の不完全さ、人間というものの愚かさ（多分に自分自身の未熟さは棚上げしていたとは思います）がこれで叩き込まれ、いじめの経験などとともに、人間社会に対する諦めが心の中に定着したと思います」

これほどノストラダムスに負的な影響を受けたのは、もともと不安感の強い少女だったからではないだろうか。母を怒らせないように常に警戒警報を発動していなければならない生活では、安心してのびのびと暮らすことは難しい。このような環境では、自分の足元にどっしりと安定した土台を作りながら成長していくことは困難だったと言えるだろう。

高校時代に宿った「人間社会への諦め」が、家にひきこもるようになり、「半ば隠居のような心持ちで過ごしていく」ことの原点にあると、真美本人は思っている。

真美は私大の英文科に進学した。世はバブル真っ只中《まっただなか》、華やかなりし「女子大生ブーム」がいまだ衰えを知らない時代にあって、真美はディスコどころか、友人と遊ぶこともなく、家と大学を往復するだけの日々を送る。

友人とはしゃいで羽目を外すこともなく、飲みに行くこともなく、映画や音楽、旅行など、生活のアクセントとなる文化的資本との接点もない。授業が終われば、まっすぐ家に帰るという、高校時代とほぼ同じような大学生活。

大学は高校以上に雑多な人間が集まる場所であり、さまざまな知的刺激も体験できる場だ。生まれ育った家以外の環境や文化があることを知るチャンスは、ごろごろある。そうした環境にありながら、真美はそれら外の刺激に背を向けたような学生時代を送る。

自分で自分の人生を作っていく気概も意欲も、真美からはうかがえない。主体性というものの欠片すら見えない。

大学を卒業したものの就職に失敗し、パートの事務を午後の時間だけ行なっていたが、「ぬるま湯にいてもしょうがない」と4年目で辞めることを決意。その後、別の会社に正社員として就職したが、3ヵ月の試用期間で見切りをつけられた。

「26歳でした。会社で全く役に立たなかったんです。やっていることについていけなかった。その後、友達の母親がやっている建築事務所にパートで入り、事務を2年か3年やったのですが、友達の母親が辞めた後に来た上司と合わなくて、ストレスから胃炎になって辞めました」

30歳で人材派遣会社に登録。事務の仕事を1年間行なったものの、満員電車での通勤に悲鳴をあげ、退職。別の1社に登録したが、今度は息がつまる職場に3ヵ月でギブアップした。

この時期に、生まれつき膝の上下の骨がずれていることが判明。医師に「30歳を過ぎると痛みが出る」と言われた通り、膝の曲げ伸ばしが困難になり、サポーターで圧迫固定をする生活になったことも、仕事への意欲を削ぐ要因となった。


派遣を辞めてから、家にひきこもった。32歳の時だった。そこから今日までの約20年間、真美は仕事を一切していない。

真美が20歳の時、父が祖父から相続した土地の一部を売って新しい家を建て、そこで初めて個室を持ったが、２階にあるこの個室がひきこもり生活の拠点となった。

真美に、恋愛についても聞いてみた。

「全部、片思いでした。お付き合いした人はいません。30歳頃に、子どもたちに劇を見せる活動の仲間だった人に、『付き合ってください』と言ったけれど、『友達でいたい』と言われて。じゃあ、もういいやってなっちゃった、すべてが。疲れちゃった」

勇気を振り絞った告白が砕け散り、どれだけショックだったことか。

「仕事もできないし、失恋の痛手も大きかったし、人間社会への諦めが積み重なっていきました」

親の年金で日帰り湯に

社会との接点を失くし、家にいるだけの生活となった娘を、両親はどう見ていたのだろう。

「母は私の身体が弱いことをわかっているから、何も言ってこなかったです。母自身、身体が弱くて主婦しかできなかったこともあって、娘にも無理はさせないっていう気持ちがあったと思います。父も何も言いませんでした。昔は、娘が家にいても不自然ではなかったですから。父が一生懸命、働いてくれました」

確かに男性ならともかく、女性の場合、「家事手伝い」と言えば納得される面がある。

午前中は寝たり起きたりで、昼過ぎに1階に下りて、自分でおかずを作ってごはんを食べる。母の手料理がある家ではなかったからだ。

「30代のうちは週に1、2回、午後に掃除機をかけていました。起きてからはテレビを見たり、洋楽を聞いたり、中学の頃から詩を作っていたのでそれをしたり。『サラダ記念日』をきっかけに短歌も作るようになりました。働けるうちは働こうと思っていましたが、そんな状態のまま、ただ時間だけが過ぎていきました」

まるで、高等遊民のような生活だ。真美自身、「隠居のような心持ちで過ごしていた」と振り返るが、それは真美曰く「自分の心の庵《いおり》」の中に入って暮らす日々だったと言う。

真美が40代半ばの頃、父が屋根から落ちて腰を打ったことをきっかけに認知症となった。

「ここからが大変でした。それまでは気楽だったのですが……。父は怒りっぽくなって、音にも敏感になって掃除機もかけられず、家族で息を潜めて暮らすようになりました。メインで介護していたのは母で、私は買い物とか。でも、身体が強くないので毎日は外に出られない。疲れちゃうので」

3年後に父が亡くなった。父の死後に待っていたのが経済苦だった。千代の年金と父の遺族年金が2ヵ月ごとに28万円入るのだが、それを千代は1ヵ月で使ってしまう。

「ほとんどが食費です。年金が入ると、母が一度にどっと買ってしまう。もう、その頃は母とは上と下で分かれて暮らしていました。食事も別で。でも台所は一つなので、一切話をしないということではないのですが。食事は基本、レトルト。冷凍食品を温めたり、調理してあるものを買ってきたりして」

家はどんどんゴミ屋敷となっていった。

「新聞が積み上がって、どんどんたまっていって……。新聞をまとめるのが大変で。通れるようにはしておいたのですが、どうしようもない。自宅の風呂は使える状態ではなくなり、近所の日帰り湯に通うのが日常となりました」

現金が足りなくなれば、千代がクレジットカードのキャッシングで補塡し、年金が入ると同時に返済に充てる。この繰り返しで、負のループから脱する術もなく、借金がどんどん膨らんでいく。

「もう、先のことは考えないようにしていました。次の年金が出るまで生きられればいいかなと。あー、やっと年金の日が来た。それで、日帰り湯に行くんです」

こんななか、千代が転んで、そのまま起き上がれなくなったのだ。この事件を契機に、この母娘にようやく外の光が当たることとなる。支援者である木下と話したことで、真美はほぼ20年ぶりに家族以外の人間と「対話」したのだ。

褥瘡が治った千代は退院し、自宅に戻ることとなった。要介護度がそれほど高くはなかったからだ。しかしその後、木下と地域包括支援センターの職員が話し合い、87歳という高齢を考慮し、施設に入ることにした。

一方、真美に関しては千代とは世帯分離をして、単身者として生活保護を受給する方向で支援が進んでいった。木下とともに物件を探し、近くのマンションを新たな住居とした。家賃は4万1000円。生活保護費は、単身者で月13万円だ。

生活保護費だけの生活は難しく、かつ施設の費用を捻出するには自宅を売却するしかなく、地域包括支援センターが司法書士に相談して、半年後に売却までこぎ着けた。千代は今、特別養護老人ホームで暮らし、真美は自宅を売却した額から財産分与を受けたため、生活保護を脱して、同じマンションで暮らしている。

木下は、真美の状態をこのように見ている。

「今は、身体のメンテナンスをまず優先することだと思っています。お父さんの納骨もようやくできたので、そろそろ何か次のことができればいいと思うのですが……」

「ごく普通に」という無関心

千代は真美の失われた20年について、母親としてどう思っているのだろう。千代の話が聞きたくて、特養ホームに木下と訪ねた。真美も待っていてくれた。

曲がった背中を車椅子に収めた、ひどく小さな老女がいた。白髪だが、それも抜け落ちて、頭皮が透けて見える。顔には深い皺《しわ》が刻み込まれている。87歳というのは、ここまで老いるものなのだろうか、と思うほど。車椅子を真美に押させながら、部屋に入るやいきなり、「あれをここに持って来い」と指示が始まる。

「おかあさんは、いつもこうだから」

口やかましく止まらない指示に、真美が私の顔を見て苦笑する。これが、この母娘の昔から変わらない日常だったのだ。そして今、分離したことで、ようやく娘は母と距離を置くことができたのだ。

千代に、子育てのことを聞いてみた。

「ごく普通に育ってほしい」

「ごく自然にいってくれればいい」

「ごく普通に、元気であれば」

何をどう聞いても、繰り返される「ごく普通に」。何も考えていなかったのかな、娘には関心がなかったのかな、とふと思う。

結果として20年、娘が家にひきこもったことについてはどうだろう。

「この子はお勤めしても長続きしない。身体が弱かったからね。心配はした。弱かったからね」

一切、こちらを見ることなく、空《くう》の一点を見つめて繰り返される言葉。何も感じていないのだ、娘の失われた20年については……。堂々巡りで届かぬ言葉に、そんな思いがこみ上げる。なんだろう、この娘に対する無関心は……。結婚してほしかったとか、孫の顔が見たかったとか、何もない。ましてや、外の機関に娘のことを相談しようなど、微塵《みじん》も思っていない。

話を夫の介護に向けたところ、急に語気が強まった。千代は夫を対象とした介護サービスを一切利用せず、自分一人の手で夫の介護を行なった。介護でも、外に助けを求めることをしなかったのだ。

「家の中で見るのが普通でしょう。夕ごはんを食べても、2時間すれば、また食べたいって。それが毎日。そんな状態の人を、誰かに助けてもらうっていってもお金がないし、しょうがない。やるしかない」

この頑なさ。家族との関係性の中だけに閉じこもった結果の、真美の20年なのだと改めて思う。真美はこの母に、いろいろなものを奪われてきた。とりわけ、主体性というものを。

「失われた20年」と私は言ったが、真美はその言葉をゆるやかに否定した。

「失ったという感覚はないんです。生きていること自体、無駄なことは起こらないと思うんです。後悔しないように、自分の中ではやってきたつもりです。仕事ができないとなった時に、切り替わったんです。普通じゃなくていいって。身体が弱いこともあるし」

周囲からの圧力は確かにあった。親戚からはよく「いつ、嫁に行くんだ?」「なんで、働かないんだ?」と言われた。

「言われたところで、自分ではしょうがないと思っていました。自分で納得できればいいって。『そう考える私は普通じゃないのかな?』、その一方で『普通じゃなくていいや』って。ずっと、その押し問答でした。家の中でうるさく言われなかったことは大きかった。それは感謝しかないです。母親に対し、恨みなんか全くありません」

木下が雑踏の中で偶然、真美を見かけた時の衝撃を、帰途に教えてくれた。

「ひと目で彼女だとわかりました。明らかに周囲から浮いている。立っている姿そのものが、周囲と異なる存在だった」

その〝乖離〟を生んだものこそ、「心の庵」に住んでいた20年という歳月なのだろうか。

真美は半年ほど前からSNSを始めた。今はその反応が楽しみだという。自身のアイコンは、「自作の短歌の英訳のアルファベットを並べて絵にした、《文字絵》」。

ここから真美の人生は、どこにつながっていくのだろう。

第2章

闇を照らす光

安心してひきこもれる社会に

お粗末極まりない、ひきこもり支援の政策

長谷川俊雄　白梅学園大学教授

１９９８年に精神科医の斎藤環が、「社会的ひきこもり」という概念（状態）を提唱してから約20年。その間、増えこそすれ、一向に減少する兆しを見せないひきこもり。その支援はこの間、どのように進められてきたのだろうか。社会福祉士、精神保健福祉士でもある、白梅《しらうめ》学園大学教授の長谷川俊雄《はせがわとしお》（63歳）を研究室に訪ねた。

長谷川は社会福祉、ソーシャルワーク、子ども・若者問題、家族支援を専攻分野とする。35年間ソーシャルワーカーとして勤務し、現在も大学で教鞭《きょうべん》を執るだけでなく、東京都立中部総合精神保健福祉センター、日野市こども家庭支援センター、川崎市児童相談所、川崎市高津区役所・多摩区役所・要保護児童対策地域協議会などのスーパーバイザー、神奈川県社会福祉協議会などの委員長のほか、川崎市と横浜市では不登校やひ

きこもりの人たちのための居場所事業などを行なうNPO法人の理事を務めるなど、現場の支援者としても活動している。

穏やかな笑顔とソフトな物腰で、長谷川は学生たちから慕われている。「ゼミ飯《めし》」と称して長谷川が手料理を作り、研究室で食事会を開くなど、アットホームなゼミを作り上げており、教え子の多くが福祉職として現場へ巣立っていく。

BGMにジャズが流れる研究室で、長谷川はこう口火を切った。

「斎藤環さんの本でひきこもりという概念はメジャーになりました。ですが、その後の政策展開は、お粗末極まりないとしか言いようがありません」

長谷川のひきこもりとの関わりは古く、1990年代前半、横浜市の保健所で精神保健相談員を務めていた時から始まった。

「赴任してこれまでの相談者のファイルを見てみると、気になることが出て来たのです。父母が相談にやってくるけれども、本人が来ない。精神疾患の要素はないけれども、本人が家から出ない。そして、相談自体が1回か2回で終わっている。こういうケースが市内の人口12万人の区で、700例もあったのです」

嘱託の精神科医に意見を求めたら、「うつで外に出られないか、心的外傷体験でパニック障害になっているか、回避性パーソナリティ障害ではないか」と言う。

診断名はともあれ、長谷川はこのようなケースを広い意味でのメンタルヘルスの問題と捉え、保健所で取り扱うことに決めた。

「区報に『家から出ない子どものことについて、保健所で相談に乗ります』と出したんです。そしたら、電話が鳴りやまない。3ヵ月先まで相談の予約が埋まりました」

すべて親からの相談だった。ほとんどの親は、学校に行かずに家にいる子どもに戸惑っていたし、事件を起こすのではないかという不安も持っていた。

「そこで、家族教室をやろうということになったのです。保健所ではすでに統合失調症やアルコール依存症、認知症の家族教室をやっていましたから、それに倣《なら》って。これが1993年。全国で初めてのことでした。まだ、ひきこもりという言葉もなかった時代です」

家族教室とは、当事者家族が集まって勉強したり、お互いの気持ちを語り合ったり、思いを分かち合う場だ。悩んでいるのは自分たちだけではないのだと知ることで、孤立感から脱すると同時に、お互いの経験から学び合ったり、同じ問題を抱える家族同士だからこその悩みを共有することもできる。

「そのうちに、嘱託医と家庭訪問をするようになりました。ご本人に会うためです。お会いしてみると、みんな、シャイな感じのいい人で、20代後半が多かったですね。遅れてきた青年という感じで。『きみと同じような人たちが、いっぱいいるんだよね』と話すと、『うそ!』と驚いて。それで当事者たちのグループも作りました」

私自身が「はじめに」で触れた、不登校の10代の子どもたちの支援を行なう私塾で働いたのは、その4年後のことだった。20代後半の青年たちが、急に支援対象者として出現したのを明確に覚えている。この私塾では、ひきこもり当事者を対象に1年ほどかけて家庭訪問を行ない、外に出る説得を試み、それに応じた当事者を宿泊型施設に住まわせ、就労を目指してトレーニングを重ねるということを行なっていた。ひきこもり状態をただ「見守る」のではなく、外からの働きかけを行なうことで、長く待ちすぎることを避けようという考えに基づいたものだった。

当時、私が会った彼・彼女たちの中には、ほぼ10年間ひきこもっていた者も複数いた。正直、社会との接触を断ち、家のみで10年も生きてきたということが驚きだった。

両親に期待された名門高校の受験に失敗、その挫折から外に出られなくなった男性。母親が自分を認めてくれることがなく、認められるよう努力を重ねたものの絶望した女性。母親に精神疾患があり、不安定な育ちから外に出ることへの恐怖心を持ち、ひきこもった女性……。一人一人、ひきこもるに至る理由があった。

ひきこもりが犯罪者予備軍扱いに

長谷川は、当事者のグループ活動や家族教室での経験を経て、斎藤環が『社会的ひきこもり』を出版した翌年（１９９９年）に、精神科医の近藤直司《こんどうなおじ》、援助職の蔵本信比古《くらもとのぶひこ》、川上正己《かわかみまさみ》との共著で『引きこもりの理解と援助』（萌文社）という本を出版した。

精神医学的な理解から、ひきこもり支援という新たな援助活動の実践報告まで、具体的場面を提示することで、ひきこもりについての正しい理解を共有してもらうことが目的だった。それは当事者や家族にとって参考になるだけでなく、援助職にとっても先駆的な実践の現場を知ることができるという得難い内容だった。

翌２０００年には、若者たちの理解しがたい犯罪が続いた。1月に新潟で、約9年間監禁されていた少女が発見された「新潟少女監禁事件」が起きた。5月3日には佐賀で、17歳の少年が「西鉄バスジャック事件」を引き起こした。佐賀の少年は2日前に愛知県豊川市で「人を殺してみたかった」と女性を刺殺した、17歳の少年を「リスペクト」したうえでの犯行だった。

理解しがたい凶悪事件の続発により、青少年犯罪のタガが外れたのではと世論は沸騰した。加えて、新潟と佐賀の容疑者が「ひきこもり」であったことにより、「ひきこもり」という存在が広く知られるようになっていく。しかも奇異な視線の中で。特に佐賀の少年は、ネット上で自身を「ヒッキー」と称しており、「ひきこもり」が社会不安を煽《あお》る存在としてクローズアップされた。

これらの事件以降、相談に来る親たちの不安がいっそう増していったことを長谷川ははっきりと覚えている。ほとんどの相談が、「ひきこもっている自分の子どもが、事件を起こすのではないか」との不安に駆られてのものだった。

2019年5月下旬から6月上旬にかけて起きた、川崎市と練馬区の二つの事件を受けて、ひきこもり当事者たちが緊急シンポジウムを開催したが、そこで当事者の口から叫ばれたのは、2000年の再来を危惧する声だった。ひきこもりをあたかも犯罪者予備軍のように決めつける、社会のネガティブな「ひきこもり観」への明確な異議を申し立てたのだ。幸いなことにこの時は、早い段階でテレビやラジオなどのメディアで当事者自身が声をあげたことから、再来には至らないで済んだ。

2000年に連続して起きた事件をきっかけに、ひきこもりへの社会的注目が集まったことで、国も対応に乗り出すこととなった。厚生労働省は2001年に、対応のガイドラインの暫定版を出し、最終版を2003年に出した。

この時点から始まったひきこもりへの支援や施策は、この20年でどのようになされてきたのだろう。長谷川は現場での実感からこう語る。

「1998年から2000年代前半までは、家族支援が主流でした。家族支援とは、問題を抱えた当事者のみならず、その家族も含めて支援の対象と考えてアプローチすることです。しかし、それ以降、2010年代にかけては家族支援の失われた10年だと僕は見ています。その前に保健所が解体され、保健福祉事務所になったことも大きかったと思います。これによって、保健師の数がガクンと減少したため、地域担当制から事項別担当制に変わりました。その影響で、家族相談や当事者教室、居場所作りといった集団援助ができなくなり、個別相談だけになっていきました。保健師は労働組合の頼もしい闘士で、国はその勢力を弱めたいと思ったのでしょう」

確かに2000年代、国は若年者雇用対策を主眼に据え、家族ではなく、本人に向けての働きかけに重きを置くようになっていった。

2000年代前半、「ニート（NEET/Not in Education, Employment or Training. 若年無業者）」という概念が登場し、またたく間に流行した。社会は彼らの急増という問題について、自立心や忍耐力、職業参加意識に欠けた個人的資質に原因があるとネガティブに捉えたが、ここにひきこもりも含まれていくようになった。

2003年、文部科学省、厚生労働省、経済産業省および内閣府は「若者自立・挑戦プラン」をまとめ、翌年にはキャリア教育やニート対策を盛り込んだ「若者の自立・挑戦のためのアクションプラン」を策定。

２００５年には、厚労省が「若者自立塾」を創設した。これは20人程度の若者が3ヵ月間、合宿形式による集団生活をし、資格取得のための学習や労働、ボランティアなどを行ない、生活訓練と職業体験を通して就労へ導くというものだ。入塾者の条件は、1年以上仕事や求職活動の実績がなく、学校や職業訓練に通っていない35歳未満（後に40歳未満に引き上げ）の未婚者。ひきこもりの若者の参加も多かった。

翌２００６年には、厚労省による「地域若者サポートステーション（略称・サポステ）」事業が開始される。これはひきこもりやニートと呼ばれる若年無業者に対し、職業的自立を促す相談や、就労のための訓練を行なう施設で、全国各地に作られていった。

長谷川はこうした流れに否定的だ。

「要は、ひきこもり対策は『家族より当事者に当たれ』というのが、２０００年代から現在に至る日本政府の方針なんです。ですが例えばサポステですが、これは6ヵ月、継続しても最長1年で就労を目指すというものです。しかし、ひきこもりの人がここに行っても、1年で就労なんかできないですよ。今、サポステはどんどん閉じていますし、成績が上がらないから補助金もカットされています。若者自立塾も民主党の事業仕分けで切られました」

ただ、民主党政権時、一筋の光が射しかけたことがあったという。

「若者自立塾の代わりに、あの政権はベーシックインカムを考えていました。政府がすべての国民に、一人あたり、月5万円の年金を支給するというものです。残念ながら、その前段階の子ども手当への反発で立ち消えになってしまいましたが」

ベーシックインカムとはbasic（基本的）income（収入）。最低限所得保障の一種で、生きるのに必要な最低限の金額を支給するというものだ。長谷川は、年金給付に期待を寄せた。その考えは今でも変わらない。

「ひきこもりは医学的診断名がつく障害ではないわけですが、社会と個人の関係性のあり方の障害という概念を作って、そのうえで年金を給付すべきだと私は思います。ひきこもりは、彼らを受け入れない社会の障害ですから。当事者はひきこもっている間に、年金という原資でいろいろなことに取り組む。そうしながら、ゆるやかに就労に移行するという流れを作るべきですね」

ひきこもりの支援は、家族の支援から

長谷川には強い考えがある。

「ひきこもりの支援は、家族の支援から始まるんです。家族支援の貧困さが、本人と両親との共依存関係を後押しして、ひきこもりを長期化させています。ですが、先ほどお話ししたように、家族支援はこの20年、ひたすら後退しています。家族教室の数も全国でどんどん減っています。僕はもう一回、家族支援をてこ入れしないといけないと思っています。地域家族会が作れるようなかたちにしていきたいんです」

しかし、国が目指している方向は真逆と言っていい。

「『まず家族を修復して、それを経て本人へ』というのは、政府からすればまどろっこしいというわけです」

内閣府は現在、ニート、ひきこもり、不登校の子ども・若者への支援として、「子ども・若者支援地域協議会体制整備事業」を実施している。国の事業の中核にあるのは、相変わらず、長谷川がひきこもりには機能しにくいと指摘する「地域若者サポートステーション」だ。

サポステの事業には2010年度から、相談だけではなく「アウトリーチ」型の支援も組み込まれた。これは家庭訪問をして、直接ひきこもりへの介入を行なうことを指している。

しかし、アウトリーチに関しては、過去にいろいろな問題が起きている。そのうちの一つが、2006年、名古屋市で起きた「アイ・メンタルスクール事件」だ。「更生支援施設」（という名称自体が疑問だ）において、鎖で監禁されていた青年が死亡。同施設では「暴れるから」という理由で、手錠や鎖、睡眠薬も使われていた。違法な監禁行為をしている一方、親からはきっちり入寮費や指導料を取っていた。その後、この施設の元代表理事には逮捕監禁致死罪で実刑判決が出ている。

監禁行為にまで及ばなくとも、巨大ＮＰＯで宿泊型タイプの施設は、親から高額な寮費を取り、潤っているところもあると聞く。２０１９年2月には、こうした「引き出し業者」に無理やり部屋から出されて施設に連れていかれた30代男性が、この業者を相手に提訴した。この男性の弁護団は、逮捕監禁罪での告訴も考えているという。

長谷川は言う。

「アウトリーチは強引に引っ張り出す支援になる可能性が高く、危険だし、人権侵害となる可能性もありえます」

加えて、無理やり家から出したとしても、それが本人の意思でなければ、果たして「次」へとつながるのかも疑問だ。

「僕は必要なもの、相手が望んでいることだけを届ける支援にしようと訴えています」

そのうえで、ひきこもり当事者の支援に大事なポイントを語る。

「孤高と孤独と孤立の三つを見極めることです。孤高の人は引っ張り出してはダメで、見守り支援。孤独は心理的サポートを行なう。孤立は物理的遮断があってのことなので、これはなんとかしないといけないわけですが、これこそが今、大きな社会問題となっています」

社会から孤立し、「見えない」存在となった当事者をどう可視化し、彼らに必要な情報をどう届けていくのか。しかし、そこには大きな壁がある。とりわけ、都会ほど可視化は困難だ。

さらに長谷川には、危惧していることがある。

「10年以上前になりますが、ひきこもり政策の管轄が、厚労省から内閣府に移ったのです。厚労省ならば、社会的弱者への支援という目的があり、省庁全体にも少なからずそうした意識があります。しかし、内閣府にはそうした目的はありません。内閣府には医師や心理士など専門職が一人もいない一方、現政権の意向を受けたキレ者の官僚がいます。だから自助、つまり就労をゴールとする政策をどんどん打ち出してきているのでしょう」

その柱が、サポステという就労支援機関だ。しかし、やっと外に出ることができたひきこもり当事者に国が用意しているのはそれだけ、というのはあんまりだと言わざるを得ない。

「国の考えは、ひきこもっている間はとことん親の財産で養ってもらって、その後は就労して自分で稼いでもらおうというものです。そうすれば、社会福祉や社会保障は必要なくなるわけですから。これを、『家族前置《ぜんち》主義』と言います。家族だけでやってもらうこと。自助ですね。この考えが、ひきこもりに対しては徹底しています」

先ほど長谷川は、「ひきこもりは、社会と個人の関係性の障害」として障害年金の給付を提起したが、国の方向性は真逆だ。

「病気や障害であれば、国は医療や福祉でフォローしなければなりませんが、ひきこもりはそうではないというスタンスを保っています。なぜなら、そうであれば関与から逃げられるから。現在の自公連立政権には『我が事・丸ごと』という政策姿勢があって、その路線上に今のひきこもり政策はあります」

「我が事」は個人間での互助を制度に位置づけることで、公的責任の範囲を狭めることを意図している。

長谷川は、憤懣《ふんまん》やる方ない思いを吐露する。

「たとえば有病率が100人に一人の統合失調症の患者は今、全国に約100万人います。ひきこもりも総計で100万人を超えますから、統合失調症の患者数に匹敵します。統合失調症の患者には全国津々浦々、精神科の病院があり、生活支援や就労支援、居住支援があります。作業所やグループホームもあり、精神保健センターでは相談もできます。しかし、ひきこもりには何もないのです。唯一あるのは、『ひきこもり地域支援センター』ですが、ほとんどが精神保健センターの中に入っているので機能していません。ほとんどのところがスタッフ3人程度で回しているので、対応は難しい状態です」

都道府県や政令指定都市にある「ひきこもり地域支援センター」は対象を若者（39歳まで）としているので、40、50代が使える窓口ではなかった。だが、ここにきて年齢制限を取り払う動きがようやく始まった。

長谷川は8050問題が拡大し続ける背景には、政策の貧困さに加えて、専門職・援助職自身の支援の貧困さもあると語る。これまで、どれだけ的確な理解のうえで支援の道筋が作られてきたのかに、長谷川は疑問を呈する。

「ひきこもりの援助は難しく、誰でもできるものではありません。精神障害や発達障害のことをわかり、家族支援もわかっていないといけない。かつ、ひきこもりには、精神疾患を背景としたもの、発達障害を背景としたもの、それ以外の社会的ひきこもりの三つに分けられます。それぞれ、支援の仕方が違うわけですから、その辺の当たりをつけて、話を聞いていく力量が援助者には必要です」

精神疾患を背景としたひきこもりなら、医療ケアが必要になる。発達障害なら教育的・福祉的ケアが必要だ。社会的ひきこもりは、対人関係における心的外傷体験などを背景としているため、安心・安全な人間関係や居場所での支援が必要になってくると言う。

この三つは当初から明確な区分はできないため、すべての可能性を前提に家族相談を続けていくという、非常にデリケートな支援が援助者には要求される。

「劣悪なＮＰＯは三つを区別しないで、『病気だ』『発達障害だ』と短絡的に判断していたわけです」

親子間でのいびつな「相思相愛」

長谷川のひきこもり支援のゴールは、「就労」ではない。むしろ、それは危険だと見ている。とりわけ、８０５０では非常に困難極まりないゴールだ。

「50代で社会経験がないわけですから、いきなり働くことは難しいでしょう。僕のゴールは、本人が本音と本心を語れることだと思っています。彼らはそれまでの人生ではずっと、親から自分が望んでもいない提案をされてきて、本心を隠し、混乱してしまってきているわけです。親も子どもの表情などをうかがい、勝手に判断して、間違えてきたわけです。なので、本音と本心で語り合えるという家族関係を作ることが大事なのです。ゴールを『家族間でひきこもりを正しく理解できた。お互い、不安や心配が小さくなった』ということにすれば、意味があると思いますね」

長谷川が考えるそれができた後の支援のプロセスは、こう流れていく。

「本音と本心が言えたら、次のゴールは家の中で快適にひきこもることです。ひきこもりを苦しくてつらい時間にするのではなく、自分の居場所を持ち、ゆっくりゆったり時間を過ごすことが必要なんです。そうすることで、ようやく自分の欲望や希望が見えてきます。それに、長期間ひきこもることができるということは、その時間と空間をセルフマネジメントできているということでもあるのですから」

快適にひきこもる？　驚きの発想だった。

「そして最後のゴールはとてもシンプルです。自分が生きたいように生きること」

本人の中から湧き上がる欲望こそが、彼らを外へと動かす鍵なのだ。逆に言えば、なぜ本人たちには、「あれがしたい。これもいいな」という欲求や欲望が枯渇しているのだろう。

それについて長谷川は、80代の親たちが、子どもたちが自分の中から湧きあがる欲望を表出させることを、「是」として接してこなかったからだと見ている。

「親世代は社会的名声や地位、収入もある成功者だからこそ、子どもを管理したりバッシングしたりと主体性を奪ってきたわけです。自分たちが社会的な成功者であるという自信があるゆえに、すべて親が子どもの道を決め、子どもたちから自主、積極性といったものを削いできた。そして80代の今になっても、口では『自立しろ』と言いながらも、子どもを手放していないわけです。ずっと包み込むような母性的な愛で接してきた」

揺るがぬ自信を持つ親の下、子どもは親にのみ込まれていく。

「子どもの側でも、自分の意に反してそれに応えようとして無理をしてしまった。親子の間でのいびつな『相思相愛』が続いたまま高齢化した結果が、『８０５０問題』というわけです」

世にはひきこもりを「治す」と豪語する業者もいる。ひきこもりは無理にでも「矯正」させないといけない代物だという考えだ。長谷川は、こうした考えを真っ向から否定する。

「今、社会では協調性が強く求められています。人と違ってはダメだ、人と合わせなければダメだ、と。そうした能力が求められるなか、それをあまり持つことができなかった人たちが、不登校やひきこもりになっているというのが僕の見方です。学校に異議を持ち、そこを居場所と思っていない少数派が、彼らだと思っています。彼らにそれを克服しろと強制し、社会に適応させるのではなく、社会が変わるべきだと思います」

そして、こう続ける。

「今、誰にも迷惑をかけるなという〝自助〟のイデオロギーが社会を覆っています。そういうイデオロギーこそが、ひきこもりになっている人たちにとってはさらなる圧力になっています。彼らにとって最も苦手なことを要求して、社会の側が克服しろと迫るのは、違うと思うのです」

〝自助〟とは「助けを求めるな。依《よ》りかかるな」ということだ。その強さを求める社会の息苦しさこそ、彼・彼女たちを社会から撤退させた根本ではないか。そのような社会に「出ていきたい」と果たして思うだろうか。

彼らを社会の大多数に適応させる力学ばかりが働いているが、なぜ社会が彼らのほうへ近づいていかないのか。目指すのは、多様性を認める社会だ。人とうまく関わることが苦手な人がいても、それを認めていける社会。人はそれぞれ違っていていいのだ。社会がそうなっただけで、彼らは「外に出てもいい」「出られる」と思えるのではないだろうか。

「居場所」の大切さ

ひきこもりの支援のために必要なのは、「居場所」だと長谷川は言う。

中高年に限らず、ひきこもっていた者がなんとか外に出ることができた時、「まずは日中、外に出て過ごしてみようよ」というゆるい気持ちでの関わりが許される場、それが「居場所」だ。

「居場所」——抽象的なイメージのように思えるが、私自身、２０１９年4月から週に2回、15歳から39歳の元ひきこもりや不登校の若者たちの「居場所」で、スタッフとして働くようになったことにより、その意義と重要性をこの身で体得することができた。勤務歴たった2年間の支援スタッフだったが、ここがいかに大切な場所なのかを今も痛感する。

親との関係で家になるべくいたくない、家にいるとよくないことばかりを考えてしまう、ここで人と話せるようになりたい、ゲームをする仲間が欲しい……。どこにも所属していない若者たちにとって、「居場所」は唯一の宿り木となっている。

利用者と話してみると、いかに親と学校に傷つけられてきた人が多いかがわかる。いじめや虐待の加害者は自分に都合よく記憶をすり替えることができるが、やられた側には重大な後遺症がその身体と心に刻まれる。対人恐怖や強迫神経症、うつ、解離、希死念慮などを抱え、満身創痍《そうい》で生きてきた人たちばかりなのだ。

そうした人たちが「居場所」に通うことで他者と触れ合い、心を癒《い》やし、コミュニケーションスキルを高めていく。「居場所」は安心・安全な空間であるとともに、心理士などの専門職と継続的な相談もすることができる場所なのだ。

長谷川には、明確な「居場所」論がある。

「居場所とは、意味や価値を前面に出さない場所のこと。目標を掲げない、全く意味不明の場所。居場所の4要素というのがありまして、それは遊び、学び、緩やかなつながりとケアです。大人がリードしない、ルールをあまり作らない。参加の積極性と消極性をともに認める。教えない、導かない。相談ごとも、生活場面でなんとなく相談になっているという〝発見する〟相談が主になっている。居場所のゴールはカオス。混沌《こんとん》としているけれども、落ち着いているという場所ですね」

今、全国各地に、ひきこもりや不登校のための「居場所」が作られている。なかでも注目すべきは、横浜市だ。横浜市は全国で唯一、行政が居場所運営を行なう自治体だ。

横浜市は2007年からNPO法人に運営を委託するかたちで、市内の東西南北4ヵ所に「地域ユースプラザ」という居場所を事業展開している。対象は、市内在住のおおむね15歳から39歳の若者とその家族。ひきこもりからの回復期にある若者の居場所であると同時に、社会体験などのさまざまなプログラムを実施し、本人と家族からの相談を受け、地域における支援のためのネットワーク作りを行なう場所でもある。

この試みは今後も日本中でなされていくべきであるし、若者のみならず、40歳以上を対象とした居場所も確実に必要となってくる。

親の家を出て、生きていこう

８０５０問題の場合、50代の当事者がいる一方で、高齢の親問題がセットとしてある。長谷川は親世代へのアドバイスとして、以下のように語る。

「『親は子どもを切り離してほしい。それに対して親は罪悪感を持たなくてもいい』という考えです。子どもは社会福祉で支えますから、親は自分の貯金で楽しんでいただき、寿命がきたらお亡くなりいただきます」

長谷川は支援者として、こんな親の姿を見続けてきた。

「親の側に『相談に行ったらいいじゃないですか』とアドバイスしても、親たちは自分の住んでいる自治体の窓口に頑ななまでに行きませんね。世間体を気にして。やはり、８０５０問題は裕福な層が多い都市に多いです」

８０５０問題が解決しない原因には、このような親の見栄の部分も大きい。

「８０５０問題は、親の孤立問題でもあるわけです。80代の親たち、外に出ても本音と本心を語らない人が多いですね。社交性の少ない人が多くて、友達がいない。定年退職をしたら何もない。親自身がひきこもりへの親和性が高く、夫婦で子どもがひきこもる方向に向けて協力しているようにも見えてきます。そうした夫婦が外部に助けを求められなかった結果が、８０５０問題なのです」

だからこその別居の勧めなのだ。

「ひきこもり当事者は親から離れること。そして、隣の市にでもアパートを借りて、生活保護を申請して、自分の生きたい人生を生きてほしいと考えています」

親と別居して、生活保護という手段で快適にひきこもり、内面から湧き上がる欲望が訪れるのを待ち、外に出られるようになったところでアルバイトなどの就労へつなげ、その道のりを支援者が見守り、支えていく。それが理想とする流れだ。

長谷川は、50《ごーまる》世代にこう呼びかける。

「自分が生きたいように生きてほしい。あなたの人生はあなたがデザインしよう。そのために生活保護など、必要な制度を利用しようよ」

いかに依存し合って生きていけるか

明石紀久男　ＮＰＯ法人「遊悠楽舎」代表

指導することは一切しない

ＪＲ横須賀《よこすか》線東逗子《ひがしずし》駅から徒歩15分ほどにある、マンションの一室。ＮＰＯ法人「遊悠楽舎《ゆうゆうがくしゃ》」の相談室に、代表理事の明石紀久男《あかしきくお》（69歳）を訪ねた。仙人のような髭《ひげ》をたくわえ、一見、自由人という印象。ぐりぐりと動く大きな目が人を惹《ひ》きつける。

明石は、２００１年に不登校やひきこもりの子の居場所を作ろうと「遊悠楽舎」を開設して以来、ひきこもり当事者や家族の支援にあたっている。ここ数年は首都圏の自治体から生活困窮者自立支援事業を委託されたＮＰＯ法人にも勤務し、相談や支援活動を行なっており、８０５０問題の当事者と家族に、最も近い場所にいる人物だ。

明石にとって、８０５０問題の〝はじまり〟はいつなのだろう。

「８０５０問題のようなひきこもりの高齢化を意識するようになったのは、10年以上前だと思います」

2008年に明石は、横浜市が事業展開をする不登校やひきこもりの居場所の一つ、「よこはま西部ユースプラザ」に、主任相談員として勤務することとなった。

「そこで30代後半の利用者から、『実は40代の兄もひきこもっている』というような話を聞くことが増えました。でも、ユースプラザは39歳までが支援対象。だから、対応できないわけです。とはいえ、その会えない人たちをこのまま放置していたら、えらいことになるだろう。10年後は大変なことになるという状況は感じていました」

たとえば不登校の問題を抱えた子どもがいたとして、その子に対して就学期間はフォローがなされる。しかしそれを過ぎれば、その先については誰にもわからなくなる。そのままひきこもりになり、社会から見えないまま年齢だけを重ねていくという、そうした層が一定数、この社会にはいる。

明石はこのような「見えなくなってしまう大人」という存在があることに気づき、その未来を危惧してきた。

さまざまな職業を経てきた明石だが、若者支援の現場に足を踏み入れたきっかけは、1986年に起きた「鹿川《しかがわ》君事件＝中野富士見中学いじめ自殺事件」だった。

鹿川君事件は、いじめによる自殺が初めてマスコミに大々的に取り上げられた事件だった。中学2年の男子生徒が父の故郷である盛岡駅の駅ビルトイレで首吊《くびつ》り自殺を図り、その場には「このままじゃ『生きジゴク』になっちゃうよ」との遺書が残されていた。その後、担任ら4人の教師も加担した、いじめグループによる「葬式ごっこ」が行なわれていたことが判明、報道は過熱した。

明石にとって、衝撃的な事件だった。

「学校が子どもを殺す時代になったんだ……」

いじめを認めず、知らぬ存ぜぬの教育委員会の対応にも大きな疑問を持った。明石は確信した。

「もう、学校は子どもたちの居場所じゃない。かといって、家庭だけでも守れない。子どもたちのための新たな居場所を作る必要があるのではないか」

しかし、どうすればいいのか。

息子や娘の父母会や学童クラブの保護者会などに関わるなか、不登校やいじめなどの相談が増えてきた流れを受け、明石は専門的な勉強の必要性を痛感した。そこで3年間、専門学校に通い、心理カウンセラーの資格を取得した。１９９８年のことだった。

その後、都内の住居が再開発で取り壊されるのを機に、逗子へ転居。２００１年、念願の居場所である「遊悠楽舎」を開設した。

居場所にやってきたのは20代から30代のひきこもりと、10代の不登校の子たちだった。

何かプログラムを行なうなど、指導することは一切しない。明石は皆がやりたいように過ごす空間にした。

「すると、みんながどんどん元気になっていくんです。待つこと、何もしないこと、何もさせないことの大切さをつくづく思いました。散らかしてそのまま放置している子には、しびれを切らして、『片付けさせてもらっていい？　オレ、見てらんないから。悪いねー』って手を出しちゃうこともあるんですけど、日々、そのせめぎ合い、葛藤です。でも、こちらのペースで進めるのではなく、その人に宿っている力を信じて待つことが大事なのだと。それが、ここまで相談員をやってきたことの土台としてありますね」

「見えて」きた中高年ひきこもり

「若者」というくくりには入らないため、見えてこなかった中高年のひきこもりたちが、支援者の前に「見えて」きた最初のきっかけは、民主党政権が行なった「パーソナル・サポート・サービス事業（ＰＳ）」からだ。

ＰＳは縦割り行政では対応できない困難な事象に、担当課を横断して連携して取り組み、ワンストップサービスを行なうという事業だ。これまで高齢者、障害者、子どもなど分かれていた体制の弊害に対応したものだった。

横浜市のPSの相談員だった明石に、60歳のひきこもり男性についての相談が舞い込んだ。聞けば、20年間ひきこもっているという。

「司法書士からの相談でした。相続の相談に来ている高齢の両親が、息子のことで悩んでいるということでした。そこで家まで会いに行きましたが、会えなかった。声をかけて、手紙を置いてくることを何回かした後、司法書士が本人を連れて来てくれました」

明石の前に座るその男性は、うつむいたままで一切、口を開かない。自ら望んで、ここにきたわけではないことは明らかだった。明石は声をかけた。

「どんな生活をしているのですか？」

「…………」

「テレビ、見てるんですか？」

すると、その男性は小さくうなずいた。明石はその合図を見逃さない。

「どんなテレビが好きなんですか？」

少しの間の後、男性が口を開く。

「『大岡越前』」

「じゃ、毎日、見てるんですか？　『大岡越前』で誰が好きなんですか？」

この質問がうれしかったのか、男性がにやーっと笑う。

そんな些細《ささい》なやりとりから、少しずつ会話が始まった。以前、掃除の仕事をしていたこともわかってきた。

「じゃあ、テレビ局のスタジオの掃除はどうですか？　テレビの現場が見られますよ」

ほどなく男性は、在京テレビ局のスタジオで掃除の仕事をするようになった。この仕事なら楽しいからと。

九州から相談に来た夫婦は、横浜で一人暮らしをしている40代の息子のことを気にかけていた。買い与えたマンションにひきこもったまま、猫と暮らしているという。生活費は両親が仕送りしていた。

３回目の家庭訪問で、ようやく男性は明石を家に入れてくれた。飼っている猫の話がきっかけだった。

猫の話には応じるものの、外に出て働く方向へ話を進めようとすると頑なに首を横に振った。

「仕送りで生活していますが、お金がなくなれば死ねばいいと思っています」

男性はこの時以来、二度と明石に会おうとはしなかった。

ＰＳは民主党政権の崩壊とともに消滅したが、その後、生活困窮者自立支援法が成立し、明石は自立支援事業の相談員として引き続き、「８０５０問題」の最前線にいる。

「発見」後の支援の流れ

40代や50代のひきこもりは、どのような流れで「発見」されることが多いのだろう。

「まず親御さんからの相談ですね。それと、兄弟姉妹から持ち込まれることも多いです。親が元気なうちに、兄をなんとかしてほしい。そうじゃないと、あとで自分が困るから、と。最近はケアマネジャー、介護ヘルパーなど介護でその家に出入りしている、高齢者担当の人たちからも相談が増えています。その方たちからすれば、中高年ひきこもりは親の年金を食い物にしている経済的虐待者という見え方で、そうした報告が行政に上がるんです。すると、生活困窮者自立支援法が使えるということで、行政からこちらに連絡が入ります」


今までも、そういう人たちの存在はケアマネやヘルパーには「見えて」いた。だが、報告したところでどこも対応してくれることはないため、そのまま放置となる場合が多かった。それが、生活困窮者自立支援法ができるまでは続いていた。

「発見」したら、どのような支援が始まるのだろうか。

「まず、家族の相談をしっかり受けます。今ならすぐに家庭訪問ができますから。次に、本人にアプローチをかけます」

そこで明石が本人にかけるという言葉に、耳を疑った。

「ひきこもっている状態をこのまま続けていくにはどうしたらいいか、一緒に考えようよ」

思わず「えっ!?」と聞き返した私に、明石が笑う。

「だって、私がしているのは〝ひきこもり〟支援だから。就労支援とは言っていないし、脱出させることが支援だとは思っていないから」

外に出ることを最初から目指さない支援。目からウロコの驚きだった。

「大切なのは、彼らの人生や今置かれている状況を否定しないこと。今の姿を肯定する。『いいんじゃない?』と。相手に対して、こちらが勝手になんらかの約束を宣言するっていうのは約束じゃないし、約束を押しつけて引きずり出すのはもっと違う。それは、押しつけたい側が押しつけているだけ。すべきことは、本人が出たくなるのをじっくり待つこと。効率は悪いかもしれないけれども、無理に出してもまた戻るし、同じことを繰り返すだけで、もっと状態が悪くなってしまう。長い目で見れば、そのほうが痛手は大きいわけです」

家庭訪問をして本人に会えても、明石は「そろそろ、外に出てみないか?　何かやってみようよ」とは一切言わない。それが現在の明石の支援スタイルなのだ。

「ひきこもりを続けるため」という目的で彼らの希望を聞き出していくと、当事者たちはこの何十年間抱え続けてきた怒りを吐き出し始める。

「親が私立中の受験を押しつけたから……」

「オレは小学校の時、友達と遊ぶのが大好きだった。なのに、親から習い事と塾をやらされて……」

「中学の時のあいつ。あいつがオレに『死ね』なんて言いやがったから……」

「なんか疲れちゃったから。もっとラクな職場だったら……」

ひきこもってしまった自分、何もできない自分について、いくつもの理由を立てて「こうするしかなかったんだ」と訴える。彼らにはそうする必要があるのだ。

「今の狭苦しい立ち位置を正当化するために、こちらに怒りをぶつけてくるわけです。そうやって懸命にいろんな理由を持ってきて、幾重にも理屈を重ねて、なんとか居場所を確保しているのです」

その一方で、彼らはとてつもない絶望感を同時に抱えている。「もう、オレはダメな存在なんだ」と。だから、明石はこう声をかける。

「よくそうやって、がんばって生き延びてきてくれたね。自分の人生、諦めたらもったいないよ」

快適にひきこもることを一緒に考えていくなかで、出てくるのは親への不平不満だ。

「母親が部屋に勝手に入ってきて掃除するのが、本当に嫌でたまらない」

こうした声を受けると、明石は親を説得する。

「彼は掃除をしてほしくないと言っています。そのままにしておいてほしい、その方がいいんだと彼は言ってますから。お母さん、彼の意向を尊重してあげてください」

本人の意思を親に伝え、親がそれを認めただけで、家の中の雰囲気があたたかなものになることを明石は何度も体感してきた。これまで親は、子どもにどれだけ迷惑をかけられているかということしか思っていなかったわけだが、子どもの意思を尊重する方向にほんの少し変わっただけで、本人の心が落ち着いてくる。

これまで何十年と変わることなく、何も起きなかった家庭内に、第三者が入ることで変化が起きる。ただし、一度や二度の家庭訪問で、ひきこもり当事者が外に出てくるわけではない。

「何ヵ月ではなく、何年という単位ですね。本人にもすぐに会えるなんてことはほとんどない。会うことを避けるために訪問の日にあえて外出するとか、かなり抵抗を示されることが多いです。3年通って、やっと本人に会えたとか。彼らは怖いんですよ、この状況を壊されるのが」

大切なのは、信頼関係を作ること。その人を丸ごと理解しようと努めること。

「テクニックとしてやっていたら、相手にそれが伝わってしまう。僕はその人のいいとこ探しをする癖があって、人に対する興味や関心があるんですね。この人、いいところ、必ずあるんだろうなって。上から目線の支援者は、彼らからすると臭さがわかる」

逆に、やってはいけないことは、これまで彼らがされてきたこと＝親の意向のままに振り回すことだ。

高齢化しているひきこもり当事者たちは、すべてにおいて「今さら」という気持ちが非常に強い。もうどうしようもない、と思っている。

だから、明石はこう声をかける。

「確かにもう若くはない。でも、ここからだよね。ここから、自分の生きたかった人生を生きてみようよ」

信頼関係ができたところで話を重ねていくうちに、やがて本人から本当の思いが湧き出てくる。

「オレはこんなところにはいたくない。親の家なんかで生きていきたいわけじゃないんだ！」

明石が最も大事にする、その「時」がやってきたのだ。

自分らしく生きるために、依存する

本人から本音を聞き出せたら、次の段階として、必ず相談室に来てもらう。初回は親がついてくることが多いが、２回目以降は親には離れてもらって、本人だけと話すようにしている。

「まずは相談室に通わないかという誘いをする理由は、どこかへ通って、ある程度の時間を過ごし、そこから家へ帰るというのが、彼らにとってこれからの行動のベースになるので、それを体験してみないかという呼びかけでもあります。ですので、親の家にいたくないという本人の気持ちと同時に、ある程度、家族の支援が得られる環境が作られていることが大事になってきます」

こう提案しても、２ヵ月も３ヵ月も動けないこともある。それほど、同じ考えがぐるぐる回って固まってしまうのだ。

「それでも、今までと同じことをしていたら何も始まらないと思って、相談室まで通って来てくれるわけです」

相談室で一対一でじっくり話を聞いていくなかで、重い口が開かれていく。

「これまで、本当に母親に振り回されてきたんです。いいようにやられ続けて。でも、なんとか自分のやりたいことをしようとしてきたんですが……」

「お母さんに翻弄されて生きてきたんだね。苦労だったね。よくがんばってきたね」

「でも、もう、こんな歳になっちゃったし……」

明石は丁寧に語りかける。

「今までこれほどがんばってやってきたけど、自分のやりたいことに行き着いていないよね？　今までと違ったやり方をしてみない？　不安や迷いは、なんでも聞くよ。手伝えるところは手伝うから、一緒にやろうよ」

これが、支援者として一貫して変わらない明石のスタンスだ。

「僕はどうしたらいいんでしょう？　このままだとよくないことだけはわかってるんです」

「それは、親元にいてもきっと考えられないよね？　親元にいて、ぐるぐるまわりをしてきたじゃん。まず、そこから出る練習をしようよ。親元から離れて、これからどうしていくのか、そのためのプロセスを一緒に考えていこうよ」

「でも、もうこんな歳で何ができるのか……」

「とにかく、目の前のことを一つ一つクリアして、〇・一歩でも動ければ、今までの地平から見えてなかったものがきっと見えてくるよ。景色が違って見える。それをやってみよう。そうじゃないと、ずっと同じ景色を見ていることになるよね」

ジャッジは決して下さない。それはこれまで、彼らが親にされてきたことだからだ。「親から彼らを守るのも役目としてあります。ただ、こちらが親を否定しても彼らは受け入れません。親を肯定したうえで、うまく子どもから親の手を遠ざけていく。親子の関係のあり方を変えていくんです」

相談室にある程度通えるようになったら、次は居場所につなぐ。

「支援の道筋としては、外に出られるようになるのが第一歩。次に通える居場所があり、そこに一定時間いることができて、帰れるようになること。居場所に人が大勢いても大丈夫なのか、一人の人としかいられないのか。大勢の中に入っていけないようなら、相談室で一対一の時間を長く取って、僕がいれば居場所にも通えるのかなど、いろいろ試します。そのうちに元気になれた人は、どこかで2時間ぐらい働けるようなら、その職場につないでいきます。ただ、ここで失敗すると振り出しに戻るので、ここはすごく丁寧に行ないます」

少し働き始めると、親が有頂天になることもある。そして、過度な要求を子どもに求め出す。

「それを抑えながら進めます。『お父さん、そうじゃないですよ』と。これまで親に決められた人生に縛られて、こんなこともできないのかと言われ続けてきたわけだから」

その後は親と離れて、生活保護を受けて、アパートで一人暮らしの生活に移行する。簡単な家事が行なえるようになり、アルバイトをしながら、自分なりの暮らしができるよう、寄り添っていく。

「基本、目指すゴールってないんです。そういうプロセス自体がゴールかも。そのプロセスをどうやって一緒に楽しんでいくか。いかに依りかかって、依存し合いながら、助け合って生き合っていけるかが大事なので」

通常、自立とは真逆の位置に置かれる「依存」が大事だと明石は言う。

「彼らが自分の生きたい人生を生きるようになるためには、依存先を増やしていくことですね。あっちから助けてもらったり、こっちで助けてもらったり。そうしているうちに、今度は自分が助ける側になるかもしれない」

明石という支援者が関わることで、本人には家族以外に依存先が一つ増えたことになる。さらに支援者は地域の居場所や就労先など、さまざまな場を本人とつなげていくようにしていく。それが明石曰く、「依存先をちりばめる」ことなのだ。

確かに、弱みを見せられない今の社会にあって、「助けて」と言えるところがいろいろあるというのは、なんと生きやすいことかと思う。人はそうやって、依存し合って生きていくものなのだ。

いつから自助努力、自己責任ばかりが強調されるようになったのだろう。そういう社会だからこそ、彼・彼女たちはひきこもったともいえるだろう。ゆえに目指すのは、自己責任一辺倒の社会に彼らを「戻す」ことではなく、多様な生き方を認め合える新たなつながりの中で生き合ってもらうことなのだ。

さらに、明石はこう考える。

「本人から悩みを取っちゃいけないと思いますね。ちゃんと悩ませてあげないといけない。親は子どもの悩みをこれまで取り上げてきたんです。『こうしなさい、ああしなさい』と先回りして指示してきた。悩むということは本当に大事なことなのに、社会全体が今、悩ませない状況になっている。じっくり丁寧に悩む、悩み上手になることが大事ですね」

悩むということは、そこには主体的な「私」がいる。「私」が存在するから悩む。悩むことを取り上げられることは、自分を取り上げられることに等しい。そのために無力感に陥ったり、主体性が奪われるという経験を、本人たちは繰り返してきているのだ。だからこそ、悩みを本人に「返す」ことが重要であり、その悩みを支援者としてともに感じ、考え、支えていくというプロセスが重要なのだ。明石がゴールは「プロセスそのもの」というのは、そういうことなのだ。

親に奪われた主体性を取り戻し、悩むことで人間的な感情を取り戻すプロセスそのものに、明石は支援者としての価値を置く。

寂しい、悲しいと思う私を見てほしい

50代の「ひきこもり」たちと接し、明石は彼らの痛切な思いを常に感じている。

「彼らは『私を見てほしい』と思っている。今、私は寂しいと思っている、悲しいと思っている。そして、寂しい、悲しいと思う私を見てほしい、と。でも、今まで彼らはそういう見方をされてこなかった。そして『悲しんでる場合じゃない。次へ進め』という、こちら側の常識を押しつけられてきた。今、私たちの側に必要なのは、『自分たちの常識を、相手に押しつけない』ということだと思いますね」

懸念されるのは、生活困窮者自立支援の相談や家庭訪問事業は、4分の1が自治体、その他は国によって負担される委託金で成り立っているのだが、単年度事業で毎回、数字が求められることだ。行政は入札をして、より安い事業所へ委託する傾向にある。

「新規相談件数、継続相談は何人で、就労にまで至ったのは何人かとチクチク聞かれる。数字だけが重要視され、中身はどうでもいい。そうなると何年もかけてコツコツと関係を作る、寄り添い型の支援ができない。支援の質ではなく、数字を上げるところに委託されたら、手をかけてじっくり伴走型支援をしていくことが疎《おろそ》かになってしまう」

これだけ8050問題の深刻さが認知されてきているわけだから、行政には支援の特有さへの理解を求めたい。

支援者として、大事にしている言葉がある。それは医師の中村哲《なかむらてつ》によるものだ。中村はパキスタンやアフガニスタンで医療行為を行なうだけでなく、井戸を掘る活動をしてきたことでも有名な人物だ。

「今、何ができるかではなく、今、何をしてはいけないかを知ることが大切なのだ」

支援者のすべきことは、ただ、そばにいて見守ることだと明石は言う。

「傷を治療するのではなく、消毒程度でいい。その人が自分の力で治していくのをしっかり見届けていく。そのことを応援していくことですね」

その大らかで大胆、かつ常識にとらわれない自由な人間性は、おそらく多くの50《ごーまる》、40《よんまる》世代たちには出会ったことがない異質なものだろう。

「たくさん悩んで、いろいろなところに依りかかって助けを求めて、そうやって無理せずに生きていけばいいんだよ。人間はそうやって生きていくものじゃないの？」

豪放磊落《ごうほうらいらく》な笑顔が、その真っ当さを示していた。

第3章

歩き始めた人たち

親となんか生きていきたくない

芳賀薫・51歳「僕は本音が言えなかった」

海に近い場所だった。

　東海地方のある町、のどかな風景が広がる場所に目指す相談室はあった。20年以上にわたり、ひきこもりの支援を行なっているNPO法人の拠点だ。ここで、代表の伊藤俊《いとうとし》朗《ろう》（仮名、65歳）の紹介で、1年前に一人暮らしを始めたという芳《は》賀薫《がかおる》（仮名、51歳）と会うことになっていた。

「薫くんは絶対に時間を守る人で、今日もおそらく、5分前には近くまで来ていて、時計を見ながら待ってると思うよ。そうやって、約束した時間きっちりにやって来るんだよ」

　伊藤の言葉通り、その時間になるや、相談室のドアがノックされた。

　礼儀正しくおじぎをする薫は中肉中背、髪には白いものが目立ち、生え際も若干後退してはいるものの、実年齢よりずっと若く見え、爽やかな印象だ。チェックのシャツに白Tシャツのインナーという服装には清潔感があり、10代後半からひきこもっていたとはとても思えない。

対面すれば遠慮がちで人見知りなところがうかがえるが、そこに却《かえ》って真面目《まじめ》な人柄がにじみ出ているように思う。

「薫くん、仕事はどう？　今日は休みなんだよね？」

伊藤が、気さくに声をかける。

「はい。今は週に4日、仕事に行っています。朝5時半ぐらいに起きて、帰って来るのが夜7時ぐらいです。ごはんを食べて、風呂に入って、寝て、また起きて仕事、という毎日です。仕事の時は、時間が経つのが早いです」

時間が早く過ぎるというのは、その仕事が夢中になれるものだからだろう。

聞けば、薫は遺跡の発掘調査のアルバイトをしているという。建築現場などで遺跡が発見された場合、埋蔵文化財として調査・発掘し、記録を残さなければならない決まりがあり、それを行なう会社で働いているのだ。土の中から遺跡を掘り起こし、きれいに洗い、写真をパソコンに取り込んでデータベース化するという一連の作業に薫は携わっていた。

「『発掘の仕事があるよ』と伊藤さんから聞いた時、自分で『やりたい』って思ったんです。もともと歴史が好きだし、これは面白そうだなって。体力が持つかなという不安はあったんですけど、なんとかやってます。今の仕事は自分に合っていると思っています」

その理由について、薫は「人と接しない」という点を挙げた。

「人と接して思うのは、今でもそうなんですが、とにかく僕は本音が言えないんです。両親に対してもそうですし、伊藤さんに対してもそうだと思います。これまでずっと、本当のことが言えずに、相手の気持ちを気にしすぎてしまって、それで後になってつらくなって、つぶれてしまうということを繰り返して来ました。自分にできないことを引き受けて、それで結局は迷惑をかけて……。でも、遺跡発掘の仕事は物に向かうのが中心だし、責任感とか粘り強さとかは自分は持っていると思うので、そういう点でこれは続けて行けると今は思っています」

横で伊藤がうなずく。

「そうだね。調査員の資格を取るくらいにまで行けたらいいね。今、出土した物が山積みになっていて、人手が欲しいからね」

薫がふっと微笑む。

「帰りはもう、へとへとで、どこかで夕飯を食べてお酒を飲んで、家に帰れば、すぐに寝ちゃうんです。土日とか休みの日は、のんびり過ごします。散歩をしたり、映画を観たりして……」

日焼けした顔が、仕事の実際を物語る。ようやく、薫は自分の人生を始めることができた、ということだろうか。

「どうですかね？　そうだといいんですが……。今日も両親と会って来たのですが、僕が何もせずに家にいた時よりは、多少は安心した顔を見ることができてよかったな、と何よりも強く思いますね。自分がどれだけ両親に負担をかけて、心配させて、家の中の空気を暗くさせて来たのかっていうことがずっとあるので……」

伊藤が、さっと話に分け入る。

「薫くんはそういうのを引き受けすぎなんだよね。両親に心配をかけたということで、自分を追い込んじゃうところがあるよね」

薫が顔を上げる。

「ほんと、それはよくないところだと思うんです。そこは直さなきゃいけないところです」

薫のひきこもり生活は、10代後半から50歳までという長期にわたるものとなってしまったが、この間、ずっと家にこもっていたのではなく、一時期は支援者の力を借りて社会生活を送ったこともあった。だが、薫が何度も言うように、「できない」という本音を言えずに引き受けた結果、つぶれてしまい、それがさらに大きな痛手となって、より深く社会からひきこもってしまうという経験をしてきていた。

薫は1968（昭和43）年、東北地方の県庁所在地に、医者の長男として生まれた。一家は1934（昭和9）年生まれの父・清《きよし》（仮名、85歳）と、1943（昭和18）年生まれの専業主婦の母・法子《のりこ》（仮名、76歳）、1971（昭和46）年生まれの弟・雅《みやび》（仮名、48歳）の4人家族だ。

「私は薫のことについては、夫婦と家庭環境の問題が絶対に影響していると思っています。そういう家庭を作ってしまったのは、私たち夫婦の責任です。夫婦仲がよくない両親でありましたし、そうであったとしても、私がもうちょっと子どもを受け入れる余裕のある母親でいたなら……。これは、今だから思えることですが」

薫の母・法子は、言葉を振り絞った。

薫と会った同じ相談室で、後日、法子もインタビューに応じてくれた。ゆえに、親と子の双方から話が聞ける貴重な機会となった。

華奢《きゃしゃ》な身体を折るようにして、法子も記憶をたどってくれた。その真面目な人柄は、薫そのもののようにも見えた。

暴君が支配する家

芳賀夫妻は1967年、お見合いで結婚した。法子は医者の娘であり、清が医師として大学病院に勤めていた関係で縁ができた。

法子は東京で学生生活を送り、事務員として働いた経験を持つ。東北地方において当時、娘を東京の短大に出すこと自体、稀有《けう》なケースだったと思われる。それだけ両親は娘を信頼し、その人生を重んじていた。

「私の両親は仲のいい円満な夫婦でした。父親は子ども思いで、結婚とはそういうものだと思っていました。一方で、私には『夫についていく』という古風な考えがあったので、姑《しゅうとめ》に気に入られたようです。姑は子どもを医者にしたというプライドがあって、意地の強い人でした。私を扱いやすいと思ったのでしょう」

しかし結婚の内実は、法子が思い描いていたものとは大きく違った。清はワンマンな性格で、妻子思いの法子の父とは真逆といっていい人間だった。

「姑の育て方に問題があったというか、姑は主人が生まれる前に子どもを亡くしていて、だから主人のことを溺愛したようです。『この子は絶対に医者にする』と教育熱心で、主人は本音では医者にはなりたくなかったようですが、母親から泣いて『医者になってくれ』と言われて、仕方なくなったようです。なので、勉強以外は甘やかしたらしく、主人はわがままのし放題」

安易に決めつけるわけではないが、母親から溺愛され、道を決められてきた男性がDV加害者になることはよくあることだと、離婚カウンセラーから聞いたことがある。清がそうだというわけではないが、支配関係に置いた妻という存在を使って、自身のストレスを晴らすのがDV加害者という意味においては当てはまる夫だった。

次男を妊娠した頃から、女性問題も噴出した。

「それでも、姑は『男が外で何をしようが、文句を言うもんじゃない』と言うばかり。耐えかねて、一度、実家に帰ったのですが、離婚したら、子ども二人を別々にしないといけなくなると思いましたから、それはどうしてもしたくなかった。私がもっと強い女だったら、離婚もあったのでしょうが、『私が子どもたちのために、すべてを我慢しよう』って、そう決めたんです」

これもまた、よくあるケースだ。母親が「子どものために離婚しない。我慢する」という。しかし、それは決して子どものためにはならない。子どもが負い目を抱え、負担を感じるだけでなく、率直な関係を手放した家族はどこか歪んでいく。

ワンマンな夫からだけでなく、姑という圧力も法子にはあった。姑と嫁とは完全な上下関係で、法子は姑の言いなりだった。

「不満はあっても、やっぱりいい嫁をやりたかったんです。私ももっと主張すればよかったんでしょうけど……。言いなりですから、姑には本当に気に入られていました」

最近になって、法子は薫にこう言われた。

「お母さん、あの頃は人形みたいだったよ。自分の意思がなくて、全部おばあちゃんやお父さんの言いなりだった。お父さんがとにかく第一で、『我慢しなさい。お父さんがダメだって言ってるでしょう』って、僕らにはそればかりだった」

清は手こそ出さないが、言葉の暴力は激しかった。

「主人は食事にうるさくて、料理が下手だとなじってくるんです。気に入らないと『なんかないのか！』と怒鳴りちらすんです。だから、主人が好きなものばかり作っていました。山菜ばかりで、子どもの好きな唐揚げやハンバーグなどは一切食卓には並びませんでした」

イライラした態度で相手を圧迫する、自分に従わせる……、殴る蹴るはないものの、これらは精神的暴力＝モラル・ハラスメントにくくられるものだ。

妻の社会関係を遮断する、社会的ＤＶも行なわれた。

「子どもを連れて私の実家へ遊びに行くのも、だんだん嫌がられるようになっていきました。お友達を呼ぶのも、『あいつは呼ぶな』と止められるようになって……」

女性問題も収まらなかった。

「主人はその頃、特定の人と付き合っていました。それをごまかしたくて、仏頂面で家に帰ってくるんです。こちらもニコニコとは迎えられない。そうすると、『なんだ、その態度は！』って怒り出す。それも、子どもの前で。家庭の雰囲気はひどいものでした」

子どもの目にはどのように映っていたのだろう。薫が記憶する「わが家」とは、「常に父がイライラして怒っている」というものだった。

「たとえば、母が忙しくてごはんの支度が遅れると、イライラして『何やってんだ！早く作れよ！』って怒り出す。僕も弟も小さかったので、大声で遊んだり兄弟げんかをすると、父は『うるさいぞ、おまえら！』って物を投げてきたり、怒鳴ったり。僕らは怯えて、父に怒られるのが怖いから、家ではおとなしくしていました。母も『お父さん、疲れているから、あんたたち静かにして』と。常に父が上に立って、母と僕らが下にいる感じでした。母はほとんど反発しないので、とても気の毒でした」

医者にも弁護士にもなりたくない

薫が小学校入学前に、引っ越しがあった。

「父は勤務医を辞め、郊外の町に移り、医院を開業したんです。でも、医院と自宅が同じ敷地内でつながっていて、常に父がいる状態なのが、僕と弟にとってはすごく嫌だった。常に緊張している状態なので。たまに父が家をあけると、ホッとしてのびのびできました。スーパーで母に好きなものを買ってもらえたり、外食したり、ハンバーグを作ってもらえたり」

法子も子どもに対して、負い目があった。

「子どもたちに我慢させてばかりでかわいそうなので、主人がいない時は子どもに優しくしすぎるぐらい優しくしてました。主人との関係で満たされない部分を、子どもに何かしてあげることで満たしていたんでしょうね」

母親の目からは、薫はどのような子に映っていたのだろうか。

「下の子はやんちゃだったのですが、上の子は反抗しないおとなしい子で、本ばかり読んでいるような子でした。お勉強もできて、手のかからない、いい息子でした」

それに対して、薫は苦笑いを浮かべる。

「おそらく、両親にとってはそのように見えていたと思います。子どもの頃、反抗はしなかったです。どちらかというと、弟がそんな感じだったので。いい成績を取ると、その時は父の機嫌がよくなるので、家でも勉強していました。でも、学校での僕は家での僕とすごく違っていたと思います。家では緊張して気が休まらないので、その分、学校で発散していたんです」

外では思う存分、自分を出せた。友達と野山で遊んだり、キャンプをしたり、弟とふざけ合ったり……。小学生時代は活発だったと薫は言う。成績もよく、学級委員をやっていた。

長ずるにつれ、成績のいい薫に大人たちの期待が集まっていく。

「祖母は、父を医者にしたプライドが高く、人間の心よりも学歴を重視する考えでした。孫の中では、僕が一番年上で、しかも男の子なので、『医者にする。それか、いい大学に入れて、いい会社に入れる』というのを夢見ていたんじゃないかと思います。祖母から、『お勉強すれば、いいお嫁さんも来るんだよ』と言われたりもしました。父と祖母の意見で、すべてが決まっていきました」

だが、医者になって跡を継げという周囲の期待に対して、薫は小学校6年生の時に「ノー」と言った。法子はこのように記憶する。

「『僕は血を見たりするのが嫌だから、医者にはなりたくない』って、薫が言ったんです。すると夫や姑は、親戚に弁護士がいたものですから、『だったら、弁護士はどうか』と。あるいは『大蔵省（現・財務省）もいいんじゃないか』と。本人は本を読むのが好きなので、本当は文学方面に行きたかったようです。だけど、主人はものすごく反対しました」

文系なら「弁護士か国家公務員」というのは、なんという発想の貧困さなのか。彼らにとって、文系の「成功例」はそれだけなのだ。なんと窮屈なことだろう。

薫は小学校を卒業すると、住んでいた町の中学ではなく、県庁所在地の中学に進学するため、家族と離れ、祖母と暮らすこととなった。すべて、父と祖母の考えから決められたことだ。

「都会の中学に入れることで、少しでもいい高校に入れようと仕組まれていたのでした。祖母が僕の世話をして、母が父のサポートに専念する、みたいな。当時、僕はなぜ父母と別れて暮らさなきゃいけないのかがわからなくて、それがすごく不満で。2年後に弟もやってきて、三人暮らしになりましたが、そこまでの2年間は祖母と僕の二人暮らし。祖母との暮らしは窮屈で、心地よくはなかったですね。父と離れられたのはよかったのですが。祖母は僕の成績をすごく気にして、いつも『今回のテストは何点だったのか』と聞かれて、ほのぼのとした会話なんかなかったです」

ただ、薫は、面と向かって祖母に反抗することはなかった。

「ここでも演じていたというか、反抗心を抑えていたので、祖母の目にはいい孫だったと思います」

薫は周囲の期待通りに、高校は県内で最も偏差値の高い進学校に合格した。自由でバンカラな校風で知られる県立の男子高だった。

薫が期待に応えられたのは、ここまでだった。

「そこで僕は脱落して、成績はずっと半分より下でした。でも、学校生活は楽しかったです。映画部に入って、それが楽しくて。その当時、僕自身にいい大学に入って、いい会社に入るという欲がなくなってしまったんです。僕は文系で国語と社会が好きで、数学と物理が苦手。父は医者は無理だとわかると、弁護士と大蔵省を勧めてきました。それが成功者の道だと。でも僕は、そういう道にも行く気はないとそれとなく言いました。僕は地元の大学の文学部に行きたかった」

法子は最近、薫からこんなつぶやきを聞いた。

「自分の意志が弱かったからしょうがなかったんだけど、そこに進んでいたら、人生、変わっただろうな」

さらに、こうも付け加えた。

「お母さんにはわからなかっただけで、高校の時は結構、お酒とかタバコとか、やっていたんだよ」

法子はハッと息をのむ。これまでずっと、真面目ないい子だと思っていたのに……。

「そうだったのね。気づかなかった。お母さんも当時、病んでいたのかもしれない」

「お母さんは、意思を持たない人形みたいな人だったよ。僕はあの当時、いろんな思いがあったんだけど、お母さんに相談する気にはなれなかった」

自分を捨て、我慢の人生を選んだ母は、子どもにとってはすでに、自分の未来を語りたいと思う存在ではなかったのだ。

3浪して、夜間部へ

受験を控えた高校3年生の冬、薫曰く「若い時の一番の転機」が訪れた。

大学受験直前に、父・清が突然、東海地方に引っ越すと言いだしたのだ。法子が言う。

「突然のことでした。『俺はもう、ここでは仕事をしたくない。疲れた。海のそばに引っ越す』と。船を持っていたので『海の近くがいい。北国はもうたくさんだ』と言うわけです。当時、55歳定年が主流で、それでなのかどうか。でも、あまりに突飛。けれども反対もできなくて……」

薫は、父に面と向かって抗議した。

「僕は反対だ。絶対にそんなこと、やめてほしい。どうして受験前の今の時期に引っ越しなんて……。なんで、そんなごたごたを起こすわけ？　おかしいよ。こっちのことも考えてよ」

息子の切なる願いを父は一蹴する。

「うるさい。そんなの、関係ねえだろ！　受験は本人次第だろーが」

あれよあれよという間に清と法子は医院を引き払い、東海地方に転居した。海のそばにある空き家だった医院を買い取って住居とし、清はそこで開業した。閑散とした、風《ふう》光明媚《こうめいび》な漁村だった。

薫は「友人たちと一緒に卒業したい」と願い、なんとか弟とともに祖母の家に残った。だが、第一志望だった地元の大学受験は認められず、首都圏の大学を受けなければならなくなり、数校受けたが、すべて不合格となった。清は、失意の長男にこう言い放った。

「おまえは、東大に入る頭もないのか！」

息子がどれほど傷ついているか考えもせず、上から威圧的に侮蔑する。まさかこれが、父親の言葉だとは……。激しく心に突き刺さる痛みを、薫も母と同様にのみ込んだ。

高校卒業後、薫は愛着のある地元を離れ、東海地方の漁村で両親と同居をすることとなった。

「両親との同居は、小学校以来でした。馴染《なじ》みのない土地で、周りに友達もいなくなって、楽しかった高校生活から本当に一変してしまって。僕自身も勉強する気がなくなり、父とはかなりギスギスした関係になっていきました」

予備校に籍は置いていたが、家から出ることはなく、家族以外と会話する機会がないという日々を送るようになる。

「一応、大学を目指す浪人生という肩書があったのですが、ひきこもりに近かったと思います。高校時代の友達ともたまに会ったりもしましたが、向こうは大学生活を送っていて、会うのがつらくなりました。この先したいことが何もなくて、ただ毎年、受験をしてるだけ。受かるはずがないのもわかってました」

漁村への引っ越しは、決して薫の意思ではない。地元大の文学部という唯一の希望を打ち砕かれ、見ず知らずの土地で何ひとつ人間関係が作れずにいる薫は、まるで根っこを抜かれ放置されている根無し草だった。

父親の清にほんの少しでも、子どもの人生を大事にするという気持ちがあったなら……。子どもの立場に立って考えてみるという姿勢が一握りでもあったなら、薫の「その後」は大きく違ったことだろう。

そしてまた、夫に従うだけの母・法子もあまりに無力だった。それはある意味、暴君である夫の共犯者だ。

「はじめは予備校に通っていましたが、続かなくて、家で居眠りばかりするようになりました。自分で自分の人生を捨てちゃったみたいな感じ。大学はどこでもいい。何になりたいというのもない。家の中でずーっと悶々《もんもん》と過ごし、私はただ、『来年、がんばるからね』という薫の言葉を信じるしかなくて……」

結局3浪して、薫は私立大の二部に合格した。文学部教育学科だった。大学入学と同時に両親とともに住む家を出て、アパートを借りて一人暮らしを始めた。

「夜間の大学だったので、30歳ぐらいの人もいて、3浪という僕でも心地いい場所でした。これでやっと、僕にも所属と友達ができた。教育研究会というサークルにも入りました。実質は飲み会とかするサークルでしたけど」

受験勉強から解放され、興味を持った分野を掘り下げていくという大学の勉強は楽しかったし、成績もよかった。

「ひきこもっていた3年の鬱憤を晴らすというか、旅行もしたし、恋人もできたし、スキーに行ったり、友達の家に泊まったりと、大学4年間で生き返った感じです。一人暮らしのため、自炊もしてました。バイトもいろいろと経験したし、父から解放されて、あの頃は本当に楽しかった」

小学校の教員を目指した。教育実習をした小学校から頼まれて、プール監視員のバイトをした夏もあった。

ただ、後のひきこもり生活につながる前段階のような体験もした。3年次に、サークルで部長を引き受けたのだ。

「頼まれると断れなくて、今もそうなんですけど、必要以上に責任を感じて、真面目にきっちりやらなきゃと思って、仲間が楽しんでくれるためにがんばっちゃう。無理だとは言えないし、しんどさを友達には話せず、抱えていました。そういうのが重なって、だんだん人との接触を避ける方向に向いていったのかなと、今は思うんです」

現役では教員採用試験には受からず、卒業後は合格を目指して勉強に集中するという、再び浪人生のような生活になった。東京都の教員を目指したが、当時、採用が厳しい時期でもあった。

「卒業後に受けた2回目のチャレンジでは一次試験には合格しましたが、最終結果は補欠合格でした。正規の合格ではないので、産休補助とか何かがあった時に声がかかる、というものです。それでバイトと勉強をする日々を、引き続き2年間ぐらい続けました。実家からの仕送りを受けつつです。ただ、この時は小学校教員になるという目標があったので、そんなにつらくはありませんでした」

卒業後、彼女とはすれ違いが続き、別れてしまう。そんなものかと思うしかなかった。一度だけ、26歳の時に介護休暇補助教員としての声がかかり、小学校3年生の担任を持った。

「3〜4ヵ月という短い期間でした。子どもと向き合うのが、その時は苦ではなく、自分が若いせいもあったと思うのですが、体力的に多少きつくても、がんばればやれると思っていました。子どもたちや先生方からお別れ会をしてもらって、いよいよ正式採用されるようにがんばらないといけないと思いました」

しかし27歳を過ぎると、補助教員の声もかからなくなり、このままではどうしようもないと就職活動を始めた。

「新卒ではないので企業からはいい結果をもらえず、教員免許を持っているということで、学習塾の講師に正式採用されました。28歳の時です」

これが薫にとって、正社員という身分での最初にして最後の仕事となった。

「僕は勉強ができない子どもに、勉強の楽しさを教えるということをしたかった。でもそこは受験に力を入れていて、子どもに鉢巻きをさせて夜中遅くまで『有名中に入るぞー』と勉強させるような塾で、自分には厳しかったです。ここで仕事をする意味ってあるのかなあと思い始めて。それでも責任感からやろうとはしたんですが、1ヵ月経つか経たないかで、もう、だめだって思ってしまって……。塾に行くことがつらくなり、朝起きて、頭が痛くなったり、お腹が痛くなったり……。ひと月ぐらいで辞めてしまいました」

これを機に、教員採用試験の勉強にも身が入らなくなり、就職活動に取り組む気持ちも消え失せた。

二度目のひきこもり期間

薫はここからの2年間を、「二度目のひきこもり期間」とする。

「アパートに一人でいて、就職活動もアルバイトもせず、本を読むか、映画館に行くか、散歩をするか」

金銭面では親からの仕送りに頼るしかない。

「何かやらなきゃいけないんだけど、やる気が起きない。両親にはいろいろ期待してもらって、大学の学費も出してもらったのに期待に応えられない自分が情けないっていうか、申し訳ないというか……」

大学時代のサークルの友人たちからの飲みの誘いも、自分の立場が恥ずかしくて断っているうちに声もかからなくなった。

それは、どんな生活だったのだろう。

「本を読んでいたと言いましたが、時間の過ごし方がわからなくて、なんとなく読んでいただけです。朝起きて、今日は何をして過ごすか考えているうちに夕方になって。本当に、無駄に時間が過ぎていく感じでした。昼夜逆転していたり、全然眠れない日が続いた後に、眠たくてしょうがなくなって、睡眠障害っぽくもありました」

このような日々を重ねていくと、どのような状態になっていくのか。薫はこう表現する。

「どんどん感情が平板になっていきました」

散歩とか映画とかで外に出ているけど、ただそれだけ。外に出ても家にいても、誰とも話さないで、今日も終わる。一人暮らしだから、今日も声を出さなかったなーっていう日が何日も続く。笑うこともない。映画のビデオは見てるけど、どんな感情も湧いてこない。あんなに感動した、ロバート・デ・ニーロの『レナードの朝』だって何も……。僕は、感情というものを失くしたの？　でも、そのことにすら気づかない。

親には相談どころか、一切話をしなかった。唯一、話をすることができたのが弟・雅だ。雅も2浪した。「医者になれ」という命令を拒否して、雅は美大に進学した。

「弟とはたわいもない話をしたり、ちょっと出かけたり。弟も悩みを抱えていたとは思うのですが、お互いそれは言わない。でも、わかっている部分もあって。大人になってからは兄弟仲が良くて、そういう間柄でいられたのはよかったです」

こうして2年という月日が流れた。通常なら2年もと思うが、それはどんな時間だったのだろう。

「考えることを放棄していました。考えるとつらくなるので。両親のこととか、これからのこととか、何事に対しても、深く考えることをやめてしまっていました」

30歳になる頃、法子から提案があったと薫は言う。

「このままの状態でいてもよくないし、家に戻ってこない？　精神的に疲れているんだから、しばらく心と身体を癒やしたらどう？」

親ってありがたいなと心から思った。このままでは、もうどうしようもない。嫌な思い出しかない漁村だけど、両親との暮らしを受け入れよう。そこでまた気力が湧いてきたら、また何か目標を見つけていけばいい……。

一方で、法子の記憶は全く違う。

「弟から電話があって、『お兄ちゃん、今、大変みたいだよ』って。それで2～3日連絡が取れなくて、薫のほうから泣き泣き電話があって、『戻ってもいい？』って。私も『心配だから、とにかく帰ってきなさい』と言って……」

ああ、もう1年経ったんだ

家に戻ってきた薫に対し、父・清の態度は散々なものだった。姿を見かけるたびに、舌打ちする。

「何やってんだ」

「いい若いもんが、いったいどうなってんだ！」

薫は、父を避けるようにして自室にこもった。

「薫は主人が居間にいる音がすると、部屋から一歩も出られない状態で。私は私で、1階で息を潜めて生活し、2階で音がすれば、『薫が今、トイレに入ったな』とか。お互い、気配だけを感じながら暮らしていました。食事は、声をかければ下りてくることもあれば、私が2階に運んだりもしました」

そんな法子にも、薫の「今」が理解できなかった。

なんでなの？　なんで、やる気が出ないの？　ただ怠けているだけなんじゃないの？

薫はどんな思いで、両親の家で暮らしていたのだろう。

「最初の頃は、車の免許を持っていたので、スーパーにお使いに行って、必要なものを買ってきたり、気晴らしにドライブをしたりしていました。このままいけばまた行動を起こせるだろうと思っていたのですが、次に一歩踏み出すところまではいけなくて、だんだん父との衝突も生じるようになって……」

清は60代も半ばになっていたが、ワンマンな体質は変わらず、仕事のストレスからか、よく患者の悪口を家族にぶつけた。薫は聞くに堪えず、父に「それはよくない」と反論するや、清は烈火のごとく怒り出す。薫には幼少期から父への恐怖心があり、それ以上、最後のところまでは強くは言えない。

薫に反抗期は一切ない。どれだけ理不尽だと思っても、清に本気で反抗したことは一度もない。ずっと清の従属物であり、清の言うことを聞くのが当たり前だった。その関係はひきこもり生活でも変わらず、憤りで身体が震えるほどであっても父に刃向かうことができなかった。だから、自室の壁を殴って穴を開けた。

オレがこうなったのは、父さんのせいじゃないか。なんだよ、大学受験直前での引っ越しって！　あれですべてがダメになったんじゃないか！　すべて、愛情がない証拠じゃないか！

ハローワークに出かけたり、インターネットの普及もあり、ネットで就職を申し込んだりもした。

「でも、自分自身の中に目標のようなものがないから、面接でその仕事に対する熱意とか、どう取り組んでいくかを話すことができなくて、だから、うまくいくわけがないんです。そういうのを繰り返すうちに、気力が持てなくなっていって……」

法子も顔を合わせるたびに、薫を責めた。

「この先、いったいどうすんの？　このままでいいわけないよね？　あんたのためにもよくないよ」

言いたい気持ちはわかるが、言われるのはつらかった。だから、そそくさと2階の部屋に戻って、階下には極力、下りていかないようにした。

ベッドとテレビと洋服ダンス、それに机と本棚。それが、世界のすべてだった。6畳に2畳の板間、窓はあるがカーテンが開けられることはない。猫だけがそばにいてくれた。たった一つのあたたかな癒やし。

「完全に部屋から出なかったわけではないんです。トイレもお風呂も普通に使っていましたし、食事は必ず、食堂に行くようにはしていました。ずっと本を読んでいる時期があったり、寝ている時間が多い時期があったり、パソコンを入手してからは、それに向かう時間が長い時期もありました。過ごし方は時期によって、バラバラです」

30代半ばまでの5年間、たった一つとして、印象的な記憶はない。何か出来事が起きるわけではなく、同じような日、同じような1年が続いていく。「ああ、もう1年経ったんだ」と驚いてしまう。もう、いいや。誕生日も僕から消そう。また一つ、何もしないで歳を取ったなんて、つらすぎるし、そんなこと考えたくない。

一つだけ、新鮮な出来事があった。インターネットのチャットを通して仲間ができたことだ。日々やりとりをし、何回かオフ会もした。大学卒業以来、初めてできた友人だ。年齢層も経歴も幅広く、薫はそこで他の人の相談に乗ったり、親に言えない悩みを話すこともあった。しかし、疎遠になっていくのも早かった。

勇気を出して、出てみたものの

この頃、法子は朝日新聞に「ひきこもり」という文字を見つけた。

「うちの子のケースによく似た記事が載っていたんです。息子が大学を出てからうまくいかなくて、お父さんともうまくいかなくて、ひきこもっているという例を読んで、『一緒だ』と。そこから私、あっちこっちに行きました。テレビや新聞に出てる先生の講演を聴きに行って、精神科医への相談にも親の会にも行きました」

薫がひきこもり支援のＮＰＯ法人の活動に参加するようになったのは、法子の勧めからだった。

「母があちこち、僕のことで相談に歩き回ってくれることに、ずっと後ろめたさがありました。母もすごくつらそうで、それに対して申し訳ないっていう気持ちがあったんです」

法子に言われるまま、まず精神科医のカウンセリングを受け、そこでひきこもりの居場所を紹介され、薫はそこに通うことになった。37歳の時だった。

「居心地が悪いなーと思いつつ、2～3回、居場所に通った頃、新たにひきこもりの人たちでショップを立ち上げるプロジェクトが始まったんです」

スタッフに、声をかけられた。

「芳賀くんだったらできそうだよ。どうですか？　やってみませんか？」

もともと断れない性格だったのもあるし、何かのきっかけになるかもと思った。もしダメなら辞めればいいやと思い、引き受けた。ショップはほぼ無給で、交通費のみ。ボランティアのようなかたちだった。何ヵ月か過ぎた後、月4万円の給料を受け取った。

「久しぶりにもらった給料だったので、うれしかった。実際に外に出て身体を動かして、給料をもらうというのは10年ぶりのことでした。結果的に3年ぐらいやりました」

そのうちに、居場所で学習支援をしないかという話になり、外国籍の子どもたちに日本語の読み書きや足し算などを教えたことが、気持ちの回復につながった。

そうだよ、こういうことを、僕はもともとやりたかったんだ。勉強がわかると、子どもはなんてうれしそうな笑顔を浮かべるのだろう。ああ、僕も楽しいな。こんな感覚、久しぶりだ。

いつの間にか、薫はその居場所を運営するNPOで「なんでもできる人」になっていた。理事の一人が教員だったこともあり、教育委員会に話をつけて仕事を持ってきた。

「小学校の非常勤講師だけど、やってみないか」

正直、フルタイムで大勢の子どもを相手にするのはまだ無理だという思いがあった。

「いえ、ちょっと、それはあまり乗り気にはなれません」

「いや、芳賀くんなら大丈夫だから、やってほしいんだよ」

そこまで言われて、断るのは悪いと思った。両親に相談したところ、「できるって思うなら、やってみたらいい」という。そこで、ショップも学習支援も終わりにして、小学校教員として働くことにした。ちょうど40歳になる年のことだった。

受け持ったのは、６年生の社会科。２クラスを担当した。

「授業や次の日の準備はもちろん、テストとその採点をして、担任に向けて一人一人の進度とか理解力とかの報告書類を作らないといけない。通知表の評価もつけるので、生半可な気持ちじゃ書けないですよ。とんでもない忙しさになってしまって」

３ヵ月後には校長から、授業のない日に1年生の学習障害（ＬＤ）の子の補助をしてほしいと頼まれた。

「心では無理だって思ったんですけど、『無理です』って言えなくて引き受けてしまった。その子は勝手に席を立って、他の子を蹴っ飛ばしたり、急に大声を出したり……」

今、教員の激務が叫ばれているが、薫はまさにその渦中に放り込まれたわけだ。

それでも、子どもたちの役に立っているというやりがいはあった。質問してくれる子に答えるのも楽しかった。逆に反抗してくる子のことはストレスとなった。はっきり思った。20代のあの頃と同じようには、もうできない。

「子どもたち一人一人と向き合う責任の大きさにつぶされそうになって、眠れない日々となり、睡眠導入剤を毎日飲みながら仕事をしていました」

年度末の3月まで、なんとか薫は乗り切った。だが、そこまでだった。

「芳賀先生、新年度も続けられますか？」

こう聞かれた時、薫は自分の意思で初めて断った。

「やりがいもあったし、充実した1年だったんですけど、責任の重さと自分の体調を比べると、僕にはこの仕事は続けられないと思います」

1年間、途中で投げ出さずに続けられたのは大きな自信となったものの、まさにギブアップ、限界だった。もう、動けない。外にも出られない。こんなに精神的に疲れてしまっては、もうもう、何もできない。

薫は後に、母にはっきり話した。

「あのNPOには、お母さんに言われたから行っていたんだよ。全然、自分の意思じゃなくて」

こうして、41歳から伊藤の支援に出会う50歳まで、四度目の長期ひきこもり生活が始まった。

虫けらみたいに父に無視されて

法子としては、食事はなるべく3人で摂《と》るように心がけた。「食事の時は、ひきこもりの本人にも声かけしたほうがいい」と講演会で聞いていたからだ。

「薫、ごはんだよ。食べても食べなくてもいいから」

薫は素直に下りてきて、食卓につく。

それはピリピリする緊張を強いられる、いたたまれないほどの食卓だった。薫が、清と顔を合わせるだけで精神的ダメージを受けることを、法子は十分にわかっていた。

3人で黙々と食べる食卓。そこに会話は一切ない。何かの隙に、清がチクリと薫を刺す。

「親のスネは、細くなるばかりだぞ」

その途端、薫の箸がぴたりと止まる。身体が固まって動かなくなる。

薫のひきこもり生活は礼儀正しいものだった。

法子が薫の部屋を覗《のぞ》いたこともあったが、きれいに片付けられた状態だった。洗濯物も下に置いておけば、自分で部屋に持っていって洋服ダンスにしまう。法子の観察によれば、薫は昼夜逆転で夜中に起きて、パソコンやテレビに向かっている。散歩も夜中に行なう。一方で、昼間に宅配便が来れば、2階から下りて受け取ることもしていた。

薫は法子に向かってこう宣言した。

「僕は毎日、虫けらみたいにお父さんに無視されているけど、それでも誰にも迷惑をかけないように、ひっそりと生活するんだ」

法子がため息をつく。

「30歳を過ぎた頃、どこかの支援者に5年刻みで考えればと言われ、35歳には……と思っていたら、その5年が過ぎて、アッという間に20年が過ぎました」

ひきこもっている間、法子は毎月4万円の小遣いを薫に渡していた。薫はそれを携帯代、タバコ、コーヒー、たまに行く映画代に使っていた。

40代半ばを過ぎれば、高齢になった親の問題がちらつかざるを得ない。薫ははっきりと思っていた。

「今は食事もあって屋根のあるところにいられるけど、この状態が続くわけがない。いずれ、破綻する」

両親が亡くなったら、自分の人生もそのあたりで終わるんじゃないかな。命はあったとしても、人間らしい生活を続けていくことは無理なんじゃないか。その先どうなるかなんて、わからない。不安でたまらない。けれども、考えてもプラスの方向に持っていくことなんて到底できないんだから、そこは考えたくない。不安は消えないけれども、今はそこは見ないようにしていたい。

「答えは絶対に出ないし、解決することも自分にはもうできない。ああ、自分ほどダメで、ひどいヤツはこの世にいない。最低の人間だ……」

息子を突き放せ

法子が伊藤の相談室を訪れたのは、2012年秋のことだった。薫はひきこもりなのだと認識して、さまざまな支援者や団体、医師を訪ねてから十数年の時が流れていた。

法子の話を聞いた伊藤は確信した。

「彼は一度外に出て、がんばりすぎてぽきっと折れた。そのショックは大きかったと思う。これは支援の失敗だ」

法子はさりげなく薫に、「伊藤さんという支援者に会ってほしい」と話してみた。

「伊藤さんという方がうちを訪問してくれるの。無理しなくてもいいけど、今度いらっしゃるから会ってみない？」

薫の反応は冷ややかだった。

「お母さんはその人を気に入ったんだろうけど、僕は……。前に、お母さん、別な人だったけど、僕に無理に挨拶させたことがあったでしょ。それ、ものすごく嫌だったから」

伊藤が芳賀家を訪問する日、薫は決まって外出した。絶対に会いたくなかったからだ。

どうせ同じなんだよ。その人に会っても、本音なんか聞いてもらえずに、どっかへ連れていかれて「学習支援とか何かしよう」って同じ流れになるんだよ。頼まれたら、どうせ断れないし、結果、僕はやる羽目になる。そんなこと、目に見えているんだよ……。

伊藤は法子にこう伝えていた。

「決して、薫くんに無理強いはしないでほしいんです。ニアミスでちょっと会えれば、それでいい。会いたくないという気持ちの時に、相談室に無理して連れてくるのもやめてくださいね」

何かのきっかけはいるが、本人の中からなんらかの欲求が湧き出してこない限り、引きずり出しても意味がない。

むしろ、伊藤は固定化した親子関係のほうが気になった。

相談室で、伊藤は法子に粘り強く話していった。

「お母さんは、すぐに彼の世話を焼いてしまいますよね。もうずっと長い間にわたって。そしてそれが、芳賀家の母と息子の関係だったわけですよね。だけど、突き放すというか、彼のことは彼に任せるということをしていかないと、彼はいつまでもひとり立ちできない。お母さんが先回りしてアドバイスをしてしまうと、『お母さんがこうしたらと言うから、したんだよ』になってしまう。その繰り返しで、ここまできたのではないですか？」

法子にとっては、息子を「突き放す」なんて思いもしないことだった。小さい頃から困らないようにと、なんでも先回りして手をかけ、言葉をかけてきた。

「だけどね、それをやっちゃうと、かわいそうなのは薫くん本人なんですよ」

法子ははっとする。

「ああ、そうだったのか。私が薫を手放さないようにしていたのかも……」

法子にとって、伊藤の相談室は駆け込み寺だった。自分に自信が無くなる時、どうしていいかわからなくなる時、不安でいっぱいになる時、法子は相談室の扉をノックした。

「お母さん自身が、自分や夫婦間の不安を子どもに投影しているとも言えるんですよ。それで母子の関係が必要以上に強く、深くなってしまっているんです。そこからどうやって抜け出すのかが、お母さん自身にとっての大きな問題であり、それによって振り回されてきた薫くんがひとり立ちできるかが左右されるのです。まだまだ、自分で自分のことをしていくという方向性が、彼には見えていない。むしろ、『お母さんの面倒を見なきゃ』とか、お母さんとの関係性を気にする方向に向かっている。大事なのはお母さん自身が彼をどう手放していくか、その関係から自由にしてあげるか、ですね」

法子は薫に、「自分の洗濯は自分でするように」と伝えた。薫は素直に応じた。今まで何から何まで息子の世話をしてきた母が、こうして最初の一歩を踏みだした。長い間固定していた親子関係に、初めて変化が訪れたのだ。

親の側に「気づき」が起きるだけで、家の空気が変わり、子どもの緊張が和らぐことを、伊藤は長年のひきこもり支援で知っていた。

家を出る最後のチャンス

伊藤の支援が始まって4年後、芳賀家に物理的変化が起きた。家が老朽化し、建て替えるか引っ越すかの選択を迫られたのだ。芳賀夫妻は家を売り払って、マンションに引っ越すことに決めた。当然、薫とともに3人で暮らすつもりでいた。だが、伊藤は強硬に反対した。

「それは絶対にダメです。ここがチャンスなんです。薫くんにとって、家を出る最後のチャンスです」

引っ越しに向けての片付け作業中、芳賀家を訪ねた伊藤は、偶然、薫と会うことができた。これが初めてのことだった。初めて相談を受けてから、これだけ月日がかかったことになる。ようやく、本人と顔を合わせることができた。とはいえ、目の前に立つ薫はあからさまに伊藤への反感を示した。

結局、芳賀夫妻はマンションに引っ越し、薫だけが家に残ることとなった。取り壊されるまではこの家にいる、と薫は最後まで抵抗した。

「私はもう不安で……。これで果たして大丈夫なのかと。でも、伊藤さんはここが最後のチャンスなのだから、がんばって我慢してくださいって。そういう後押しがなかったら、私は踏ん切りがつかなかったです」

伊藤は薫に話しかける。

「薫くん、これまでよくがんばってきたね。これからどうしていくか、一緒に考えていこうよ。もし、もう少しひきこもりを続けるなら、どうすればいいかもね」

決して、本人の「今」を否定しない。道を作って無理強いをしない。これが伊藤の支援だった。やがて、薫は自分から、伊藤の相談室に通うようになった。

「薫くん、もしご両親とまた一緒に暮らしたいのなら、そのことも含めて、オレは手伝うよ。薫くんが望むものを」

薫ははっと伊藤を見つめ、首を横に振った。

「僕は、本当は、親となんか生きていきたくないんです！」

「そっか。そうだよね。じゃあ、そうしよう」

ようやく、薫の中から本当の思い＝本音が湧き上がってきて、それを声にして伝えることができたのだ。

薫は単身、アパートを借り、一人暮らしを始めた。もちろん、仕送りという両親の経済的支えがあっての生活だ。伊藤が提案した、遺跡の発掘調査のアルバイトを始めるのにも時間はかからなかった。

相談室で、伊藤が法子に言う。

「ちょうど夏から始めたものだから、カンカン照りの現場がすごい大変で、薫くんも不安があって、でも、あちこち痛いって言いながら、それを乗り切ったというのがすごい自信になってますね。現場に4人、元ひきこもりがいて、仕事に入る前に顔合わせをして、仲間だよと紹介して。そういう関係性の中で仕事ができているのは、すごく大きいですよね」

伊藤の言葉に、法子がうれしそうに微笑む。

「これがもうちょっと早かったらねー」

3年前、清にがんが見つかり、闘病の身となった。

「お母さん、薫くんには家の財産状況も伝えないとダメですよ。彼の年金を今も払っているのですよね？」

「はい、まだ国民年金を払っています」

「最終的には、本人が払うようにしたほうがいいです。けど、これはもうちょっと様子を見たほうがいいかな。せっかく働き出したところだから。ここでつまずくと振り出しに戻る。もう少し彼に自信がつき、安定した収入で回り出したら、本人が払うようにするとか、免除等、収入に見合った手続きがあることを教えてあげればいいですね」

法子は、夫婦の老後資金についてはある程度大丈夫だろうと見ている。

「二人で100歳まで生きたら無理ですけど。薫、給料の3分の1とか半分ぐらいを、今まで借りた分だからと毎月、うちに返しに来ています。私たちがしてきた仕送りのことを、『借りた』って言うんです。『全額返すことはできないけど。仕送りをもらわなくてもいい給料をもらえるようになればいいんだけど』って」

伊藤は思わず苦笑する。

「薫くん、真面目だよねー」

ひきこもり20年は無為な時間だったか

薫にとって、この20年はどのような時間だったのだろうか。

「今、51歳ですが、どこかで気持ち的には30歳ぐらいのところがあって。でも実際は体力的にも外見的にも、歳を取っていることを自覚します。大きな出来事がないままひきこもっていると、それだけの時間が過ぎたという実感が持てないのです」

確かに30代から40代という、一般には結婚、子育て、仕事の責任など人生の中でもさまざまな変化が訪れる年代において「無風」だったら、どこにも時間の堆積を感じられるフックがない。

自分の中に深く沈むように、薫は言葉を継いだ。

「その時間を無駄に過ごしてきたという思いと、それは自分にとって必要なものだったのでは、という思いと、両方があります。20年という時間は、どんなことをしても取り戻せないというのもわかります。それを無為にしてきたと考えるのはつらいことです。なので、ここまで来てしまったのだから、必要な時間だったと無理にでも思わないと……」

なぜ、今回、取材を受けてくれたのだろう。

「まだ自分もその中にいる一人でもあるのですが、ひきこもりと言うとひとまとめに見られがちですけど、一人一人、考え方も経歴も違うわけで……。そんな中でただ一つ、その人たちに声をかけることができるものが、僕にはあると思ったからです」

ふうっと息を吐いて、薫は続けた。

「自分が一番ひどいとか、こんなにダメなヤツはいないとか思っている人もいるかと思います。僕も何回もそう思いました。でも、そんなことないんです」

これなんだ、僕が今日、取材を受けてもいいと思った一番の思いは……。

あなたに似た人はたくさんいる。あなた一人だけではなく、同じように「自分はできないだらけの中にいる」と考えている人は……今はわからないだろうけど、きっとたくさんいる。

どうか、あなたが一番ひどくてダメなヤツとか、絶対にそんなことは思わないでほしい。そんなことは決してないのだから。

そうだ、お母さんにも伝えたいことがあったんだ。まだ、どう伝えていいのか、わからないのだけれど……。

お母さん、息子のためにそこまで責任を持たなくていいんだよ。もうちょっと、あなた自身の人生を謳歌してほしい。僕はもう少し、楽しんで生きているお母さんを見たいんだ。

何もできないんです。助けてください

萩野真弓・45歳「自分に黒い繭を作る感じ」

彼女と初めて会ったのは3年前、ある会合の席だった。生活困窮者自立支援事業において、中高年ひきこもりへの支援をどのように展開していくのかを考える委員会で、彼女・萩野真弓《はぎのまゆみ》（仮名）は、検討委員のメンバーの一人としてテーブルを囲んでいた。研究者、支援者、行政の担当者など各委員が自己紹介をしていくなか、真弓はこのように自分を語った。

「ひきこもり支援のNPOのスタッフと、そことは別の団体で電話相談員をしています。一回、社会に出て就労していましたが、30歳直前に心が折れてひきこもりました。いわゆる、中高年ひきこもりです。私はたまたま、この場にいますが、薄氷を踏み抜くところで、紙一重で生きてきたと切実に感じています。今でも自分が完全にひきこもりから回復したとは思っていませんし、今、思えば、家族という単位でひきこもっていたんだと思っています。当事者という言葉はあまり好きではありませんが、当事者という立場でこの問題に関われるのはうれしいです」

この2年後、真弓はインタビューに応じてくれた。場所は真弓自身が週3日勤務する、NPO法人の相談室。法人の代表である、阿部和彦《あべかずひこ》（仮名、当時67歳）も横で見守ることとなった。

小柄でほっそりとした体型。化粧気がなく飾らない服装、ショートカットのボブがよく似合う、透明感のある知的な雰囲気の女性だった。40代ということだが、一見、30代半ばと言ってもいいぐらいだ。

対象と適度な距離を置き、できるだけ客観的に語ろうと努めていることが、真弓の硬い表情からうかがえた。

二人の〝母〟

「私には母と伯母という二人の〝母〟がいて、なんとも複雑な鬱陶しさがありました。うちの家族は、家系図を書かないとよくわからないほど、複雑に込み入っていて……」

真弓（45歳）は1974（昭和49）年に、首都圏の町で生まれた。母・美代子《みよこ》（仮名）は1948（昭和23）年生まれ。1969（昭和44）年生まれの兄・哲也《てつや》（仮名、50歳）は、美代子が21歳の時に「できちゃった婚」で産んだ子だ。美代子は真弓が生まれてすぐに、夫のDVに耐えかねて離婚した。ゆえに、真弓には実父の記憶がない。真弓にとって父親といえば、2歳の時、美代子が再婚した相手、継父のことだ。真弓は継父によくなつき、父親っ子だったというが、真弓が小2の時に美代子が二度目の離婚をし、継父とはそれっきりとなった。

真弓の母・美代子が作る家庭には常に、美代子の姉である久子《ひさこ》（仮名、79歳）の存在があった。久子は美代子の八つ上の1940（昭和15）年生まれだが、この姉妹は父親を異にした。

美代子は、真弓の祖母であるキク（仮名）の不倫相手との間にできた子どもなのだが、キクは戸籍上の夫である久子の父とではなく、美代子の父との生活を選んだため、久子は実母に「捨てられた」格好となった。

キクの奔放さもさることながら、なぜここまで真弓が大人の事情を知っているのか。

「全部、伯母と母から聞かされました。幼稚園から高校までの間に。別に知りたくもない話なのに」

美代子は最初の結婚の際に実家を出て、長男・哲也を産み、結婚生活を送ったが、その家には久子もいて哲也の面倒を見ていたという。久子は結婚して自分の家庭を作るのではなく、美代子に「寄生」して生きるという特異な人生を選んだ。美代子と久子という姉妹は、お互いがもたれかからないと生きていけないような、それぞれが一人で完結できない関係だったとも言える。

その関係性を象徴するように、離婚した美代子が哲也と真弓という幼子を抱えて戻ったのは、キクと実父のもとにではなく、久子と久子の父が暮らす家だった。それゆえ、血縁がない久子の父を、真弓や哲也はずっと「祖父」だと思って成長した。

一家を支えたのは職人である久子の父と、その美貌からホステスとなった美代子の収入だった。夜の仕事ゆえに、子育ては久子が担うことになった。久子はこれ以降、今に至るまで、家庭内のお手伝い役としての人生を送ることになる。

この姉妹はキクという実母に対し、複雑な相容れない感情を抱いていた。真弓が言う。

「これも全部、伯母から聞いた話。祖母は伯母のことは『おまえは何を着ても似合わない、どうにもならない』とけなし、母のことが大好き。きれいだから、自慢でしょうがない。誰よりも母のことが好きな祖母で、私ら孫のことも、眼中にない」

姉妹は、母をめぐっての愛憎という意味では共通していた。

「口げんかできるんだから、ちゃんとした親子じゃない？」と美代子が言えば、「愛されているのは、あなたでしょう？」と久子。「いや、あれは単なる母親の自己満足。愛なんかじゃない」と返す美代子。

こうした鬱憤を、幼い真弓は聞きたくなくとも両方から聞かされた。

真弓はよく、伯母から昔の愚痴を聞かされた。

「私のことを捨てた母が金に困れば妹を連れて、うちにやって来ちゃあ、父に金の無心をするんだよ」

幼稚園の頃から真弓は、伯母が愚痴を吐き出す場所にされていた。子どもらしいのびのびとした育ちとは無縁の、耳年増《みみどしま》になるばかりの「聞き役」を、頼んでもいないのに引き受けざるを得なかった。

幼い頃、真弓は母・美代子と一緒に過ごしたかった。忙しく、あまり家にいない美代子だが、休みの夜は真弓と一緒に、自分の部屋でごはんを食べることがよくあった。

「母と二人で、私が母との時間を楽しんでいると、伯母が何も言わないでドアの外からこっちを見ているんです」

真弓は久子からよく言われた。

「結局、実の母がいいのよね？　どんなに私が一生懸命に愛しても、実の母がいいのよね？」

こうも迫られたことがある。それも一度や二度ではなく。

「私を愛してほしい。愛して！」

一方、美代子の愛もまた、無防備に信じていいものではなかった。

「母は基本、一人でいるのが好きな人。孤独な時間が必要で、『一人にさせてね』というのは、小さい頃からあった。母のほうからハグしたり手をつなぐことはあったけど、私のほうから無邪気に抱きつこうとすると、『ごめん、やめて』って」

幼子が、大好きな母に駆け寄るも、母のもとに伸ばしたその手は宙をさまよう。どんなに胸がつぶれるほど悲しかったことだろう。子育ての場面において、大人の「都合」で、子どもからの愛に制限をかけたり、拒否することがあっていいわけがない。「ごめん、やめて」は、あまりにも冷たい言葉だ。母親の愛を無防備に、無邪気に信じることができなかった子どもはその後、どれだけの「不自由」を抱え込むことだろう。応えてもらえなかった言葉、抱きしめてもらえなかった悲しみ、痛み、そして屈辱は、その子の心に確実に影を落とす。現に専門家によれば、自分の都合で子どもと関わる親の下で育つ子どもは、不安定にならざるを得ないという。

真弓の寂しさを埋めてくれたのが、久子だった。日常の買い物やテレビを見て笑い合うのは、久子との時間だった。

美代子は、長男の哲也を溺愛した。離婚した後は、夫の代わりに哲也を愛した。高校を中退した哲也が夜遊びに行くとなると、必ず美代子も同行した。

「ビリヤードやダーツなど、不良文化があの二人には合うんです。二人はすごくベタベタしていたし、兄も母から夫的かつ父系的なものを期待されていることを察知していた。その延長で、私にも父のように振る舞う面倒な兄でした」

一家は、大黒柱である美代子が絶対君主だった。躾《しつけ》は厳しく、友達を家に呼ぶこともできなかった。たまに来た時でも、隣の部屋から美代子の声が聞こえてくる。

「まだー？　ねえ、いつ帰るの？」

友達はビクッと震え上がる。

「帰るね。ごめんね」

そして、二度と遊びに来ることはない。

「伯母は母の機嫌を損ねないように振る舞って、家事をやっていたし、母は伯母と私が親子と間違われると、それが気に入らなくてカッとなる。両方を立てるのがなかなか大変で、気を使うことが日常になっていました」

真弓は、ふっとつぶやく。

「二人とも、複雑に重いんです」

家族全部、丸ごと取っ替えてほしい！

学校は馴染めない場所だった。いじめがあったわけではないが、ただ、大勢で過ごすことが苦手だった。美代子も久子も、「休みたい」と言えば休ませてくれた。ただし、美代子はこう付け加える。

「行きたくなかったら行かなくてもいいけど、その時のもやもやとかを、後でぐちぐち言わないでね」

真弓に「学校での楽しかったエピソード」を聞いた。

「えっ、聞かれてびっくり。学校って楽しいんだ？　あっ、絵を描くのが好きでした。だから美術が好き。学校で楽しいエピソードはないです。小学校はまだよかったけど、中学でしゃべれなくなり、なんでこんなに身動きがとれなくなったんだろうって……」

高校進学の時期になったが、家族の中に高校を卒業した人間がいなかったため、真弓は高校生活についてなんの見本も持てなかった。美術系に行きたかったが、兄に止められた。

「まずは普通科へ行って、友達を作れ」

納得しかねたが、跳ね返すのも面倒で、普通科の高校を受験して進学した。

「高校は楽しかった。先生たちが気さくで、しょっちゅう職員室に入り浸っていた。そういうことを許してくれる先生たちでした」

だが、美代子が定める門限は厳しく、楽しい放課後は真弓にはなかった。アルバイトは禁止。駅前で友達と話していただけで翌日、怒られた。

いつからそう思うようになったのか、10代の頃、強烈に念じていたことがある。

「あー、家族全部、丸ごと取っ替えてほしい！」

自分の家族がまともじゃないことはわかっていた。それが苦しかった。よく「自分の家族が複雑だから、結婚したらあたたかい家庭を築く」と言う人もいるけど、いやいや、私が大人になってからじゃなく、今、私という子どものために、CMに出てくるような、まともな父親とまともな母親とまともなきょうだいを、私にください。どうか、どうか、まともな家族を私にください。

「本当に嫌だった。息苦しい家だった。濃密で息苦しく、なのに居心地のいい家。居心地のいい、息苦しさ。兄ともなんでも話が合うし、母と一緒に美術や宇宙の話に熱中し、愛されている、必要とされているとは感じていたけど、全取っ替えしてほしい。嫌なものは嫌だった」

真弓が感じた息苦しさのわけは、今ならわかる。家族全員が共依存だったわけだ。母と兄、伯母と自分、母と自分……。家族だけで閉じ、もたれかかる家族。濃密すぎるほどの関係が、息苦しくないわけがない。

高校卒業の時期が来たが、進路を何も決めずに卒業した。「本が好き。本に触りたい」と製本所のパートに応募した。最低賃金より少しだけ上の時給。若い子が働く職場ではなかったので、珍しがられ、パートのおばさんたちにかわいがられるなか、真面目に働いた。

19歳の頃、美代子が初めて自分の店を持ち、夜は久子と美代子と３人でカウンターに入った。

「祖父だけが家にいるので、バイトが終わってから家に戻り、祖父のために食事を作ってから店に行く日々。大変だけど楽しい時間だった。サラリーマンの世界を垣間見るのが面白くて、いろいろ教えたがるおじさんたちもいるし。案外、これでしゃべれるようになったのかも」

突発性難聴、目眩、休職

21歳の時に恋人ができた。

「愛される、愛するというのは初めてで、通じ合えたのは喜びだった。音楽や食べ物の趣味がすごく合って」

以降、20年近く付き合ったわけだが、結婚の「け」の字も出ず、相手の家族に紹介されることもなく、自分の家族のトラブルを相談してもなんの手助けもアドバイスもしてくれない相手だった。

「彼は独身貴族、結婚は考えない人。一方で私は、子どもを産むことにものすごく抵抗感があって。だって、〝私〟が出てきたら嫌だもの。だから彼に結婚の話をされなくてもヨシ、と自分の中で処理してきた」

23歳の時、製造業の会社に正社員として就職した。職種は機械オペレーター。あえて選んだガテン系、男性ばかりの職場だった。朝8時45分始業で、残業で帰りが終電という日もあった。残業をして、月に手取り約25万円になった。

勤めて1年が経った頃、久子から「お金がなくて家賃が払えない。水道代も」と言われることが続くようになった。

当時の萩野家の収入は、祖父の年金と、同居している兄・哲也と真弓の収入。久子は無年金だった。美代子は事実婚の男性と暮らすために家を出て、別所帯を持っていた。

「伯母から言われて、兄に生活費のことを聞くと、ものすごくキレる。『渡しているはずだ!』って。でもそれなら、やりくりができないわけがない。だんだん、そういうことが増え、私の給料から補塡することになっていって。そうしているうちに、母からもお店の更新料が払えないと言われたり……」

そんななか、結婚したばかりの兄・哲也が突然、起業すると言いだした。起業することが流行している時だった。

「真弓、おまえが社長になってくれよ。オレはブラックリストに載ってるから、金を貸してもらえないんだ。嫁はいるけど、赤の他人じゃん。だから、おまえなんだよ」

面白そうだし、名前だけならと、軽く考えて話に乗った。結局、その会社は利益を一つも生むことなく倒産、借金だけが残った。社長は真弓だ。真弓のもとに、借金の取り立てが来るようになる。

あとでわかったのだが、哲也は勤務する会社の上司から借金をし、その返済のために、家にお金を入れることができなくなっていた。そうしたなかでの起業の話だった。こうした一連の借金が原因で、哲也は離婚することとなった。

「もう兄は家に生活費を入れなくなり、だんだん家の経済を支える大黒柱が私になって、借金の取り立ても来るし、なんかもう、詐欺に遭ったよう。ボーナスが出ると、みんな寄ってきたし。結構、苦しかったなー。言いくるめられて、会社の社長となったのが、私の人生での大きな失敗でした」

24歳で突発性難聴になったのは、身体からのＳＯＳのサインだった。突発性難聴は、精神的ストレスがその引き金の一つともいわれている。

依りかかる濃密な家族関係ばかりか、経済的にも一家が真弓に全面的に寄生する。まだ20代半ばの細腕の女性に……。どれだけ苦しかったことだろう。しかも、仕事は早朝から深夜までの激務だ。

あまりにも苦しくて、上司に相談に乗ってもらい、すべてを話した。「ちょっと、きついんです」と。話を聞いた上司は開口一番、こう言った。

「おまえ、逃げろ」

思いもしないことだった。上司はさらに続けた。

「知り合いに不動産屋がいるから、アパートの一室を世話してやれなくもないぞ。今の給料からすればきついかもしれないが、家族から逃げるほうが優先だろう。おまえが決断すれば、世話してやる。どうする？」

結局、真弓は決断できなかった。今も悔いるのはここだ。

「ダメだったんです、当時の私は。その時は祖父が仕事を辞めて家にいて、母が先に逃げていたので、祖父と伯母を勝手に見捨てちゃいけないっていう思いがありました。それに一人暮らしをする怖さとか、自分でやっていく自信のなさとか……。今思えば、自分で決断できないくらい、家族の絡み合い方が半端なかったんだろうなって……」

今なら、はっきり、こう言える。逃げろと。24歳の私には、兄貴の話に乗っちゃダメだって。とにかく、自分で稼いだ給料で一人暮らしをしなさいと。

やがて、目眩に悩まされるようになり、自律神経がおかしくなり、すり足でしか歩けなくなった。脳神経外科で検査を受けたが異常は見つからず、甲状腺の薬を処方されたところ、動けなくなるという体験をした。

「この時期のことは、よく覚えていないんです。いろんな病院に行って、いろんな検査を受けたけど、時系列がつながらない。会社に行けなくなって、3ヵ月休職しました」

無理やり仕事に復帰したら、正社員ではなくなっていた。会社側は「他の人たちに示しがつかないから」と説明。それを受け入れ、パートとして勤務して1年後、正社員に戻してほしいと願い出て戻ったが、周囲はずっと正社員のままだと思っていたことが判明した。

「みんなに示しがつかないからパートになったのに、うわっ、会社にいいようにやられているわって、だんだん不信感も出てきて」

その頃、住んでいた一軒家の大家から出て行ってほしいと言われ、一家は引っ越しをしなければならなくなった。真弓は「今だ！」と思った。よし、私はこれを機に、一人暮らしをするぞ！　そのためにお金をためないといけない。

伯母と兄に、その意向を伝えた。

「私は自分一人の生活ならなんとかなるんだけど、伯母さんやじいちゃんの面倒を見るまでのことは、やっぱりどうしてもできないと思う」

やっと言えた。どれだけの勇気が要ったことか！　伯母と祖父のことは、兄が面倒を見てくれるだろう。

兄が口を開いた。

「よし、わかった。真弓は一人暮らしの準備をしろ。こっちの引っ越しは、オレがなんとかするから」

1年後、真弓は休日にくつろいでいると、哲也から声をかけられた。

「不動産屋に行くぞ。物件探しだ。おまえの一人暮らしの部屋も一緒に探すぞ。一緒に来い」

そして不動産業者で哲也が探し始めたのは、祖父・伯母・兄の3人だけでなく、真弓を入れた4人で暮らす家だった。

「ぶっちゃけ、おまえ、今、いくらたまってんだ?」

「……70か80ぐらい」

「すごいな。オレは10もたまってないんだ。わかるよな?」

ああ、わかったよ。私がみんなの引っ越し代を出すんだね。また、兄貴という男に詐欺られた。私が前家賃に敷金・礼金を払って、その家に引っ越すんだね。

ああ、また結局ダメなのか。

「女一人で、おまえの給料じゃ、オートロックじゃないアパートしか借りられないだろ? 女一人じゃ、危ないからな」

心配しているふうを装って、こいつは私の足をこうして引っ張る。こうやって引き留めるんだ。あーあ、やっぱりね。この人がためられるわけ、なかったよね。もう、いいや、しょうがない。

その時を振り返って、真弓は言う。

「自分を優先するということができなかった。それはいまだに苦手です。家族と自分の板挟みでつぶれたという感じが強いです。でも、相手が悪いのか、自分が悪いのか、そこでまた悩みます」

確かに、兄が悪いし、家族が悪い。でも、そこに甘えてきた私もいるじゃないか。自分の判断で家を出られなかった弱さがあるだろう。おまえ、それを家族のせいにして、何を言ってんだ！

だから、「脳内会議」が始まるのだ。

脳内会議、開催中

勤め始めて数年、すっかり機械の扱いにも慣れ、見ていなくても機械を回すことができる。そんな時、真弓の頭の中では〝ケンカ〟が始まる。

登場人物は、「僕」と「私」と「オレ」と「あたし」と「子ども時代のあたし」。真弓はそれを「脳内会議」と言う。

「誰が悪いのかを会議していて、『オレ』が私に『あいつが悪い！』って糾弾して、

『私』はただ泣いているだけ。『弱くて、私がいけないの』って。『僕』は一番冷静で、仲裁に入ったりする。『子どものあたし』は子どもだからウキウキ、キャッキャしてるだけ。あまりケンカには入らない。子どもは一番の逃げ場。その全体を『あたし』が空から見ている」

ここで同僚の女子社員が何かを聞きに来ても、普通に笑顔で対応できる。その社員が行ってしまえば、また続きが始まる。

明らかに、真弓一人の中に複数の人格がいることになる。しかも、すべてを『あたし』である真弓という主人格が俯瞰《ふかん》している。これを人格が入れ替わる「解離性同一性障害」といっていいものかはわからないが、別人格が生まれる背景にあるのは、虐待などの耐え難い苦痛の経験だ。

真弓は、自身についてこう捉えている。

「私は、共依存の当事者ですとは言えます。ですけど、虐待をされた当事者っていうのは、まだのみ込めていないのですよ」

虐待というのは、あまりにも強い言葉だ。真弓が、そのレッテル貼りに躊躇《ちゆうちよ》する気持ちもわかる。だが、子ども虐待を英語で「child abuse」というように、自分のストレス発散のために子どもを「使う、悪用する、濫用する」のが虐待であるという意味で考えれば、真弓は十分に使われ、濫用されてきた。兄の借金だけではない、伯母の愚痴の聞き役も、母の都合による一方的な愛だってそうだ。そうやって、真弓は大人の都合で使われてきた子どもだった。


精神的な疲労や混乱から、仕事で大きなミスをした。部長はきちんと話を聞いてくれたが、直属の上司である課長はなじるばかり。ますます自律神経がおかしくなり、あちこちの脳神経外科に行っては会社を休むことが続いた。ついに、部長が切りだした。

「おまえ、もう無理なんだろう？」

ああ、辞めるのも自分から言えなかった。言ってもらっちゃった。29歳の時だった。

仕事を辞めてから、完全にひきこもった。

「あたし、ひきこもるための家を自分で借りた？」

家賃13万円の2階建ての一軒家。家の周囲には椿《つばき》や梅、柿などの庭木があって緑溢れるいい家だった。

お風呂、ごはん、そして飴

仕事を辞めて、心からホッとした。会社に行かなくていい、起きなくていい、寝てていい。仕事からの解放感は間違いなくあった。

「それでも一応、仕事を探さなきゃと思って、求人広告なんかは見ていたんです。だけど、謳《うた》い文句を読むのが無理でした。アットホームな会社？　無理無理無理って。アットホームな人間関係ができあがっているところに入っていくなんて、怖くてできない」

仕事を探さなきゃという思いより、自分は役に立たない人間だという思いのほうが強かった。

機械オペレーターとして6年がんばったけど、そこで勤めきれなかった私は、どこに行ってもきっと同じだ。転職したところで、人間関係の問題はあるし、仕事も一から覚えなきゃならない。だからこそ、ここで石にかじりついてでもがんばろうと思っていたのに、結局、私は挫折して辞めた。こんな私は、どこでも通用しない。あの程度で辞めた私の弱さはなんなんだ。もう、私は使えない、やれない、評価ゼロどころか、マイナスだ……。

兄が家を出たので、2階を一人で使うことになった。あの頃のことは、あまり思い出せない。

「目が覚めた時に起きて、家族が起きてなかったらまた寝て、『ごはんができたよ』ってなれば起きて、テレビを見て。その頃、企業の謝罪会見が多くて、見ていると、『ああ、ミスをした私がそこにいる』と思えて気持ちが悪くなって……。でも、バラエティを見て笑っている自分もいて。そういう自分をまた責める」

外とはインターネットを通してつながっていた。携帯電話とパソコンを使って調べていたのは、うつ病のこと。それも当時言われ始めた、新型うつ。自分の「今」につながるような思いがしたからだ。ネットで誰かとつながろうとは思わなかった。

「関わるのが怖かった。ネットでも気を使わないといけないという、そこまでのパワーがなかったから」

うつのように気分が沈むこともあれば、笑って食べて寝ている自分もいる。彼から誘いがあれば出かけていくし、結局、怠けて甘えて、遊んでるだけなんだと自分を責めた。

「彼とは旅行にも食事にも行くんだけど、お金をすべて負担してもらっているので、借金がたまっていく感じ。ただ半分は、栄養補給だと思っていました。家で食事をすることに、自分で制限をかけていたんです。収入は祖父の年金だけだし、できるだけ食べないように、と。彼とのデートで栄養補給するんだけど、そうすると私だけがこんなにいい食事をしてと、また罪悪感が生まれてしまう」

お風呂も1週間に一度から、2週間に一度にした。面倒だからというより、お湯やガスがもったいなかったからだ。シャワーは使わず、湯船に2時間近く入っていた。

家族に対し、経済面での申し訳なさがあった。

「自分がお金を家に入れてないいし、稼げてない。だから食べるのもお風呂も、何をするのもダメって感じ。百円ショップとかで飴《あめ》を買って来てもらって、お腹が空《す》くと飴をなめる。生活の基本はお風呂、ごはん、そして飴。それがずーっと」

ひきこもってから2年。2005年に彼とのデート中、解離が起きた。

「私が壊れたんです。私が私じゃない状態になって。でも、全部覚えているんです。だから、解離と言えるのか。子ども返りをしちゃってるんです。自分でコントロールが利かなくなって、『苦しいんだ、情けないんだ』ってことを、子どもになったり元に戻ったりしながら訴えたんだと思います」

働けないのに、うちで食事をしている自分が情けないんだ！　苦しいんだ！　どうしようもないんだ！　こんな状態は嫌なんだ！　身体の奥から、何かが爆発したように噴出する。それはもう、自分で押しとどめるなんてできない強力なエネルギーを持って、どんどんどんどん溢れてくる。

「ねえ、どこに行くの？」

「おうちに帰るんだよ」

「お家《うち》？　誰の？　帰りたくない。あのお家には帰りたくないの」

この状態で、彼から伯母に引き渡された。翌日、彼は母・美代子に長文のメールを送った。真弓がどういう状態になり、自分がどのように対処したのか、事細かく状況を記したものだった。

「この件に関しては、自分の胸に収めておくより、ご家族含めて対処したほうがよいかと思います」

メールはそう締めくくられていた。

「ああ、真弓も私と同じになっちゃった」

美代子はまずそう思った。美代子も母のキクとの厳しい関係から、精神的に壊れたことがあった。幼い頃、キクから厳しい躾を受け、「動いてはいけない」と命じられ、少しでも身体を崩すと長い竹の物差しで叩かれるなどの折檻《せっかん》を受けていた。今でいえば、立派な虐待だ。なんらかの解離性障害が美代子にもあったのかもしれない。

ともあれ、娘の状況を知った美代子は、真弓を手元に引き取ることにした。真弓をここまで追い込んだのは、自分のせいだと美代子は思った。あの家の経済的負担から自分は逃げ出した。その結果、すべてを真弓が背負うことになったのだ。

真弓は母の店を手伝うこととなった。31歳の時だ。

「おまえ、笑ってるけど、目が笑ってないよ。でも、店での動きはすごくよくなったね。彼と一緒に仕事をするより、ずっといいよ」

母に褒められるのはうれしかった。母の動きに合わせて真弓が動くと、とても喜んでくれた。食の好みもぴったり合う。

「母が求めていることに手が行くし、目が行く。だから二人で気持ちよく動けるんです。すごく褒められて、頼りにしてもらえて、それがすごくうれしくて……」

だんだん元気が出てきて、かろうじてつながっていた高校時代の友人からの「事務の仕事をやらないか」という誘いにも乗ることができた。遠方にある会社だが通うことができ、美代子の店も週一で手伝った。

「母の彼氏には、ものすごく気を使って暮らしてました。居候《いそうろう》の身だし。でも、その人がいない時は、母と二人でまったり過ごして、こんなにテンポが合うんだって。10年ぐらい一緒に暮らしていない親子なのに、いろいろなタイミングがすごく合う。とても気持ちがよかった」

2006年2月に、祖母キクと同居していた祖父（＝美代子の父）が亡くなった。そしてその直後から、美代子が闘病生活に入る。ステージ4の胃がん、手の施しようがなかった。

「自分は上り調子で元気になっていくなか、母の不調になんで気づけなかったのか」

真弓は激しく自分を責めた。そして、美代子は59歳という若さで亡くなった。真弓を襲ったのは、深い後悔と喪失感だった。

「お母さん、なんで私を一緒に連れていってくれなかったの」

毎日、そのことばかりを念じていた。

生きている意味がわからない

母の家を引き払って家族と住む家に戻った真弓だったが、同時期に伴侶を喪《うしな》い一人で暮らしていたキクが、軽い認知症となったため一緒に暮らすことになり、一軒家に４人が暮らすこととなった。

認知症になったキクは、娘である久子のそばを離れないものだから、久子がヒステリックに怒鳴り散らすのを、真弓は自分の部屋で聞いていた。

美代子が亡くなった後も、真弓は片道２時間かけて、事務の仕事を続けていた。その年の夏、仕事終わりに再び、20代半ばで経験した、歩けなくなる状態となった。這《は》うことしかできなくなり、会社の人に車で自宅まで送り届けてもらった後、こう言った。

「もう無理です。辞めさせてください」

生きている意味がわからなかった。何もないと思った。彼とも別れた後で、何もかもがない状態だった。

真弓は思った。

「真っ暗な家で、真っ暗に暮らそう」

2階の真ん中にある5畳の部屋。部屋のドアには、廊下から入る光を嫌い、家にあった黒い布を自分で縫ってカーテンにして、天井から床まで吊《つ》るし、雨戸を締め切って光が入らないようにした。

「日の光を見るのが嫌だった。自分に黒い繭《まゆ》を作る感じ。電気は、枕元と机のスポットライト、それと携帯の画面の灯《あか》りだけ。寝ながらずーっと、携帯でネットを見ていた。連絡先はすべて消したので、誰からも連絡はこないし、こちらからもしない。基本、一日中ベッドにいて、寝ているか、携帯をいじっていた」

いつも、こう思っていた。

翌朝、目が覚めなきゃいいのに。

ネットでひたすら調べていたのは、当時、流行《はや》っていた硫化水素ガス自殺。

「どうやったら、伯母にガスを発生させる六一〇《ムトウ》ハップとナントカをそれとなく買わせることができるのか。でも、六一〇ハップが販売停止になってしまって、頭を抱えました。もちろん、自分が死ぬことも一家心中も考えてました。でも、ちゃんとした介護を受けられない祖父母のことを思えば申し訳なくて、一家心中はダメだなーと思いとどまりました」

哲也が家に戻ってきて、2階の一室を使い出した。美代子の生命保険金を手にした哲也は、500万円の資金で飲食店をオープンした。ただし、そこには真弓の名義で消費者金融から借りたお金も含まれていた。

傷心ゆえ、真弓には現実的なことは何も考えられず、哲也に言われるがまま行動した。融資の説明に出向き、食品衛生管理の資格も保健所に取りにいった。店に置く小物を作れと言われれば、作ったりもした。

「材料費は私持ちだし、私はちっともやりたくないことをやらされた挙句、作れ、作れって怒ってくる。労働を搾取されて。そんなことをやらされながら、5畳の部屋にこもってました」

目が覚めなきゃいいのにって思って寝るのに、やっぱり翌朝も目が覚める。一日が始まる。絶望しかない一日が……。今、隣の部屋に行って、寝ている兄に馬乗りになって、濡《ぬ》れた布巾《ふきん》を口に当てたら、あいつを殺せるだろうか。兄貴というこの男を、どうやったら殺せるだろうか。自分の中に、明確な殺意があることを真弓は感じていた。

「結局、兄との関係も共依存というか、どっちかが死ぬか、両方死ぬかでしか、関係が断ち切れない。兄は母が亡くなっても、私の悲しみは共有してくれず、自分の悲しみだけを滔々と語る。『要らないな、この人は』って」

ある日、買い物の帰り、車が自分のギリギリのところを通った瞬間、体が硬直するほどの恐怖を感じた。あたし、何してるんだろう。気持ちのうえでは死にたい、消えたいって思ってるのに、肉体はこんなに死への恐怖を感じている。私の身体は本能的に死にたくないって言ってるじゃん。なのに、死にたいって思っているあたしって、何してんだろう。

結局、兄は店をつぶし、返す当てのない借金だけが真弓に残された。久子もキクも無年金。2ヵ月ごとに入る祖父の年金約30万円では、家賃と光熱費を払えば、わずかしか残らない。久子と哲也がクレジットカードのキャッシングで補塡し、年金が入れば返済するということを繰り返していた。

真弓はわずかな貯金を切り崩していたというが、確かな記憶はない。携帯代は、前半は貯金から払っていたが、後半は年金から払ってもらっていた。

「祖父の死がタイムリミット。それが近づいてくる焦燥感はあったとは思うんですが、そんなに切実に、祖父が明日亡くなったらどうしたらいいんだとは、あんまり考えないようにしていました」

ここで、これまで真弓の話を横で見守っていた、真弓の上司である、ひきこもり支援者の阿部和彦が口をはさむ。

「僕の感じで言うと、ひきこもっている子たちの経済的な感覚というのは、本当にぼんやりしていて、具体性を帯びていない。なんとかなると思っていたり、親が死んだら死ねばいいという、そういう『概念』だけ。もともと生きる意欲みたいなものがすごく減退しているので、『まあ、どうなってもいいや』という感じがすごく強い」

ここで真弓が、はっと顔を上げる。

「でもあたし、調べていたんです、生活保護のこと。だから、頭はそっちへシフトしていたのかも」

なぜ、調べていたのか。自分はすぐに働ける状態ではないことはわかっていたし、その自信もない。でも、生きていくにはお金がないと……。

何かが真弓の中で弾《はじ》ける。

「調べていたのは、立て直したい、生き直したいと思ったから。そして何より、兄から離れたい。生きるっていうよりも、兄から逃げるにはどうすればいいのかって。私の場合はそうでした」

真弓はネットで調べて、地域の「若者サポートステーション（サポステ）」や「女性センター」に連絡した。

「サポステは自分で電話をしないといけなくて、それがしんどかった。『どうして、こちらにお電話を？』と聞かれて、そんなのひと言で言えないし、わーっと泣いて。この時、サポステの対象年齢の上限が34歳で、私はギリギリ対象者でした。その後、サポステには伯母に連れていってもらいました。電車にも一人で乗れないし、人混みが怖くて……」

２００８年、少しずつ、真弓は外に向けての動きを開始する。

脱出、そして再生へ

２００９年に祖母キクが亡くなった時は、正直ほっとした。

そして、タイムリミットはやってきた。

２０１１年に久子の父である祖父が亡くなったのだ。夜中に自宅に来た救急隊員は、不審死の可能性も視野に入れ、警察に連絡を取った。身体中、痣《あざ》だらけだったからだ。検死の際、家族構成を聞かれた。久子が答えた。

「この子は、姪《めい》です」

警察官は真弓に直接、尋ねた。

「あなたは何をされているのですか？」

答えることができずに固まっている真弓に代わって、久子がきっぱりと答えた。

「この子は、ひきこもりなんです」

久子のきっぱりとした物言いが驚きだった。

えっ？　私、ひきこもりだったんだ。えっ？　逆に伯母は私のこと、ちゃんと理解してくれていたんだ。

「あ、そうなんですね」

警察官もこれで、すっと理解を示す。そんなもん？

自分がひきこもりであることを認識した瞬間だった。

祖父の葬儀後、哲也は真弓に一つの提案をしてきた。

「男女二人で寮の住み込みの仕事があるから、その仕事を探してきて、一緒にやろう」

何言ってんだ？　あり得ない。この人は本当に一人で仕事ができないんだ。

真弓は初めて、兄に反抗した。意を決して、兄に言葉をぶつけた。

「冗談じゃない。私はあなたと、今後人生を一緒に歩んで行く気はないし、歩んで行きませんから」

「なんだよ、今さら、そんなこと言うなよ。オレが今まで、家族のためにやってきたことはなんだったんだ。おまえはそうやって、弱いままでスネかじって生きていけよ」

瞬間、怒りが身体を貫いた。

「初めて兄のことを殴りつけたんですが、自分がえらいなって思うのは、周りに鉄アレイやカッターやナイフがあったのに、5リットルの空のポリタンクで滅多打ちするだけで。ボコボコボコって」

死んだ祖父に背中を押されるように、真弓は動き出した。久子と一緒に、生活保護の申請の窓口と障害福祉課に出向いた。

「障害福祉課の担当者がいい方で、『区は違うけど、この先生にもかかってみて』と精神科クリニックを紹介してくれたんです。そこには今もかかっています」

一軒家を出て、3人とも生活保護を受給した。哲也は単身世帯、真弓は久子と二人世帯として生活保護受給者となった。真弓は今、久子と二人でこの時に見つけたアパートで暮らしている。その後、真弓は精神科クリニックの診断書により精神障害者保健福祉手帳を取得した。

「動き出した原動力というのは、兄から逃げなきゃというのと、伯母を守ってあげなきゃという思いでした。伯母を看取《みと》らなきゃという使命感ですね」

真弓は毎日、サポステに通うことを目標にした。サポステには就労に向けたさまざまなプログラムが用意されている。それを片っ端から受講しようと思った。

「不思議なことに、いろいろなことに好奇心が湧いてきて、プログラムをたくさん受けてみたいって思いました。パソコン講座に出たり。ジョブトレーニングという就労支援の講座を受けて、その中で高齢者のデイサービスの事業所に行き、素敵な女性たちに出会って、すごくいい経験をさせてもらいました」

なぜ、高齢者介護に関心を持ったのか。それは祖父に対して十分な介護をしてあげられなかったという後悔があったからだった。

そこで、当時あった「ホームヘルパー２級」という資格を取るために、ハローワークの訓練に３ヵ月通った。真弓は精神障害者福祉手帳を持っていたため、ハローワークでも障害者雇用の枠で手続きを行なった。それゆえ、より丁寧に見守ってもらえたことを実感した。訓練期間中はキャリアコンサルタントが付き、話し合いながら進めていった。

「その方には正直に自分の状況を話し、すぐに働くことができるかわからないということも伝えました。それもわかってくれて、『じゃあ、こういうステップで行けるかもね』とキャリアカウンセリングを進めてくれました」

３ヵ月後、無事にホームヘルパー２級の資格を取得した。だが、いざ就労となると踏み出せない。

そこで支援者から紹介された特別養護老人ホームで、状態をすべてわかってもらったうえで、週２〜３回、周辺業務から行なうこととなった。

「配膳とかをやりました。介護も大事ですが、お一人お一人の話をちゃんと聞くほうが大事なのかなと思って。そうした思いから、自分のひきこもり体験を話すという仕事を別の場所でやらせてもらって、そこから現在の相談業務の仕事に行き着いたのだと思います」

ＮＰＯでひきこもり支援に関わっていく過程で、真弓には大きな気づきがあった。

「相談に乗っていくなかで、家族は一体であるべきだなどという親の意識が見えてくると、『ひきこもっている側だけでなく、家族の側も手放してあげてください』と感じることがあり、それで自分の家族のことも振り返れるようになりました」

ああ、そうか。私が兄を手放してあげなかったんだ。私が早く決断して、『あなたとはやって行けない』と自活できていたら、兄もまた違ったんだろうな。ここまで引きずってきたのは、兄に引きずられてきただけでなく、私が兄を引きずっていた面もあったんだ……。

ちゃんと恥をかけるようになった

現在、曲がりなりにも相談業務がやれているのは、とにかく生活保護が取れたことが大きかった。これでグラグラした経済的基盤が安定した。行政の窓口でもサポステでもハローワークでも、真弓の状況に応じた適切なサポートが受けられたことが、再生への重要な鍵となった。

「ゆっくり時間をかけて、無理しないように配慮されたことはありがたかったです。これでいきなり正社員登用を目指すとなっていたら、壊れます。すぐに」

真弓の「今」につながった、大切なものはなんだろうか。

「ひきこもっている間に、無駄なプライドが削《そ》ぎ落とされた気がしています。ちゃんと恥をかけるようになった。『何もできないんです。助けてください』と言えたことが大きいと思います」

だから、まだ胸を張って大丈夫と言えるわけじゃないけれども、ひきこもっている人に伝えたいことがある。

できないって言っても、笑われないよ。笑って受け入れてくれて、自分も笑ってやり過ごせるような関係があるんだよ！　手放したらラクになることはいっぱいあるの。どうか、がんばりすぎないで。

サポステで、真弓は一番うれしかった言葉をもらった。ジョブトレを始める時、年齢とか経験とか根掘り葉掘り聞かれると思っていた。なのに、たったひと言。

「やり直すんだね。じゃあ、何をしてあげたらいい？」

平成の世にまさか、こんな家族があるのだろうかと思われる真弓の物語。じっと横で見守っていた、阿部和彦は最後にこう語った。

「萩野さんの話で十分わかるように、その関係性の中でもがいて、がんばって、決してサボってきたわけじゃない。だけどどうやっても、その関係の中に閉じ込められちゃったわけですよ。そこから解放してあげることが大切で、そのために生活保護が寄与している面は非常に大きい。社会がそういう状況に追い込んだんだから、まずは社会がセーフティネットを作って受け止めようよ。僕は、50代の人たちに社会が何かを求めるのではなく、その人を社会の側がどう受け入れて行くかということが、これからすごく問われると思う」

こちら側の社会に適応しろと迫るのではなく、その人たちを受け入れていく社会のありようこそが問われているのだ。萩野真弓のあまりにも過酷なこれまでの人生を考えると、そのことを心から思わざるを得ない。なんという困難を生き延びて来たのかと。

これから何かしたいことは？　という最後の問いに、真弓は気持ちよく笑った。

「ないです。ハハハハハ。全然、何もないですね。この間、はたと『何も考えてないぞ！』って。でも、まあ、いいかって」

「薄氷を踏み抜くところで、紙一重で生きてきた」女性の、なんともゆるやかでチャーミングな笑顔だった。

かっこつけたかった

小島徹・50歳「あの家には戻りたくありません」

「はじめに」で紹介した、50代前半の兄と40代後半の弟が二人で住んでいるというゴミ屋敷。

父は大手企業に勤務するエリートサラリーマンで、母・小島京子《こじまきようこ》（仮名）は専業主婦として子育てと家事を担うという、ごく普通の家庭だった。ただし、京子はかなりクセのある人間として知られていた。

近隣住民が振り返る。

「京子さんは私たちとは挨拶もしないし、話したこともない。ゴミ捨て場で会った時、傘で顔を隠すような人。雨が降ってた日だったけど。パン屋で会ったら、出て行っちゃった。ＰＴＡ活動も絶対にやらなかった。どちらかといえば、人と距離を置くタイプだった」

こんな証言もある。

「京子さん、入院したことがあって、うちの母がお見舞いに行くと電話をしたら、『迷惑だから来ないでください』って言われたって。『お見舞いに来るなら絶交する』と言われた人もいた。他人を拒絶する方でした」

裏の家の住人は、そっと小声で耳打ちする。

「うちの庭で犬が吠《ほ》えただけで、塀越しに水をかけるような人なんです」

長男と次男の扱いの違いも、近隣住民には気になった。

「教育熱心といえばそうなんですけど、弟の渉《わたる》くん（仮名）が小学生の時、京子さんと一緒にバスに乗っていて、車中で『勉強しないとダメだ』とドリルをさせてる姿を見たことがあります。中学生になっても、渉くんを坂の下まで送っていって、いつまでも手を振っている。普通、坂の下まで送るなんてことはしないのに。渉くんを溺愛してましたね。だけど、兄の徹《とおる》くん（仮名）には、興味がないというか。徹くんは放置されている感じでした」

近隣住民は、小学生の徹に話しかけた時、目を見て話すことができない子だったと記憶する。コミュニケーションを取るのが難しい子だったということは、今なら、なんらかの発達障害の可能性が疑われるが、徹が幼い頃、世に「発達障害」という言葉すらなかった。それゆえ、母から「要領を得ない子」だと放っておかれたのだろうか。

一方、渉には過剰な愛情を注いだ。

「渉くんが集団登校の時に危険な振る舞いをして、『危ないから』と注意した人がいたんです。渉くんは、それを京子さんに言いつけたんでしょう。すると京子さんがその家に乗り込んできて、『うちの子に何をした！』と怒って抗議したと聞いています」

小島家からは、よく京子の怒鳴り声が聞こえてきた。

「掃除機をかけている時も、イライラしているからか、ドンドンというぶつかる音が聞こえてきたり、ヒステリックな金切り声も聞こえてきました。渉くんが小さい頃、家から閉め出されて、泣いている声をよく聞きました」

周囲の証言によれば、渉が高校生になった頃、家庭内暴力は完全に立場が逆転したという。

「渉くんは京子さんに、大声で反抗してましたね。物を投げたりするなど、激しい暴力があったようです。当時はまだ、お父さんは元気でいらしたのですが、母と息子があんなに言い合っているのに何もしないようなんで、どうしてなんだろうと思っていました。家の中で、椅子が投げられているような音がしているというのに……」

影の薄いその父は、60歳になる前に死亡したと住人たちは言う。当時、新聞の「おくやみ欄」を見たと記憶する住人は、大手企業の監査役を務めていたと証言する。

住人たちは、「果たして、葬式に次男が出るのか」と噂《うわさ》した。それほど渉による母への激しい暴力は、誰もが知るところとなっていた。結局、息子たちは二人揃って、遺族席に座っていた。

そしてほどなく、京子がこの町から姿を消す。

「次男の暴力があるので、私は家を出ます。もう、ここには戻ってきません」

町内会の役員にこう言い残して出奔した、とある近隣住民は証言する。京子は、子どもを捨てて生きる選択をしたようだ。

長年、この町でひきこもり支援を行なっているNPOの女性は驚きを語った。

「まさか、母親が子どもを捨てる選択をするとは思いもしないことですし、初めてのことでした」

京子の出奔当時、渉はまだ高校生だったのではないかと住人は言う。渉の同級生の母が心配して声をかけていたが、次第に大人を拒むようになり、社会的孤立の道を歩むようになる。

早く帰ってください

長男の徹には大学に行ったという噂もあるが、定かではなく、20歳前後から50代になるまで30年以上、自宅にひきこもったままの状態だ。窓も開けず、自宅でひっそりと生きている。

一度だけ、生活困窮者自立支援のＮＰＯ職員や保健師が警察官立ち会いのもと、徹に声をかけたことがあった。玄関まで行くのに、靴をビニールで覆っていったという。そうしないと靴が埋もれてしまうほど幾重ものゴミがエントランスに堆積していた。他者の侵入を阻むように何本もの傘が、ゴミの上に突き立てられていた。玄関の軒下にはカセットコンロや布団があり、ここで渉が生活していることは明らかだった。玄関先から家に向かって声をかける。

「お身体、大丈夫ですか？　何か、困っていることはないですか？　何か、お手伝いできることがありませんか？」

すると、玄関脇の小窓が開いた。徹が顔を半分だけ見せて、こう答えた。

「困っていません」

そして、こう続けた。

「こんなところまで誰かが来たのが弟にわかったら、またすごく怒るから、早く帰ってください」

渉は県職員に採用されたわけだから、知的には優秀だったと思われる。しかし、対人関係が築けず、近隣トラブルが絶えないなど、自閉症スペクトラム、かつてアスペルガー症候群といわれた発達障害の可能性も感じられる。

声を潜めて、隣家の主婦が話す。

「換気扇のタイプを変えたので、声は向こうに漏れてないと思うけど、弟は玄関の軒下で暮らしているから、いつ怒鳴られるかわからず、びくびくして暮らしています。朝も、鉢合わせになっただけで、怒鳴ってくる。家の前を通るだけで、『見るな、気持ち悪い』と大声で」

住民が次々に、渉からの「被害」を語る。

「犬の散歩をしている時、彼が来たなと思って、会いたくないので向きを変え、ふと振り返ったら、傘を目の前に突きつけられた。怖くて逃げてきました」

「窓はすべて、三重にしています。夜中に軒先でぶつぶつ言う声で、起こされるんです。一軒先の家でも聞こえているそうです」

渉が近隣住民を威嚇するのは、自己防衛であると同時に、自分を捨てた母への怒りもあるのだろうか。

渉は職場でもトラブルが絶えず、解雇された。その後は、ほとんど目撃情報はない。ゆえに住民にとっては理不尽に怒鳴られることはなくなったものの、それでも不安は消えない。ゴミをなんとかしてほしいという、切実な思いを抱えたままだ。

夜中にゴミ捨て場を漁って

２０１８年冬、徹は道に倒れているところを警察官によって発見された。

警察官は、徹に声をかけた。

「大丈夫ですか？　救急車を呼びますか？」

意識を取り戻した徹は、頑なに頭を振った。

「いいえ、大丈夫です。家に帰ります」

その風貌から、警察官はどこの家の住人か、重々承知していた。警察官は、徹を家の玄関まで送り届けた。

翌日、心配になった警察官は家を訪ねた。そっと玄関を開けると、そこに徹が倒れていたため、１１９番に通報。救急搬送となった。

ここでようやく、30年以上も人と交わらず、家の中だけで生きていた徹が「外部」とつながったのだ。

衛生状態がよくなかったため、風呂に入れられ、髪を短く切られた徹は、看護師によれば「シュッとしたハンサム」だったという。

診察の結果、腎臓に異常があることが判明した。聞けば、ここ10年、夜中にゴミ捨て場を漁《あさ》って、食べ残りを食べて生活していたという。そこまでして、ひきこもり生活を続けていたのだ。

なぜ、民生委員や支援者の訪問に「困っていない」と言ったのか。徹はこう答えた。

「かっこつけたかったから」

どこまで本音なのかはわからないが、徹にとって外部は恐怖に満ちたものだったのだろう。だからお金がなくて食料が買えなくても、近所の住人に見られないよう、夜中にゴミを漁って食べ物を探して生き延びたのだ。それも、10年もの間。

入院治療を受け、容体が安定した徹は生活保護を受けることになり、無料低額宿泊所に入居した。

無料低額宿泊所とは、社会福祉法に基づいて設けられる「生活困難者のために、無料または低額で貸し付けられる福祉的居住施設」だ。入居者のほとんどが生活保護受給者で、それが前提となっている施設も多い。

徹は担当のケースワーカーに、自分の意思を伝えたという。

「あの家には、絶対に戻りたくありません。弟とは会いたくないです。これから、働いて生きて行きたい」

どれほど不本意な思いを抱え、徹はゴミ屋敷で生きていたのだろう。自分の人生がゴミ漁りで終わることなど、考えただけで耐え難い。多くのひきこもり当事者がそうだったように、つらくなるだけだから、考えないようにして来たのだろうか。

現在、徹はそこで暮らしながら、就労支援を受けている。不本意だった人生が、納得できるようなものになるよう祈らざるを得ない。

第4章

「見えない」存在から「見える」存在へ

「ひ老会」の挑戦

当事者同士で語り合うことの大切さ

２０１８年秋、土曜の午後。

東京都内にある、区民センターの20畳ほどの和室に三々五々、人々が集まってくる。皆、40代から50代までの、そう若くはない男女。50センチほどの高さのテーブルには飲み物とお菓子が用意され、茶飲み話が始まるような雰囲気だ。

２ヵ月に一度、不定期で開催される、中高年ひきこもりがそれぞれの思いを語り合う「ひ老会」が始まろうとしていた。

「ひ老会」とは８０５０問題について、ひきこもり当事者の立場から語り、考える会だ。その名は「ひきこもりと老いを考える会」から来ているが、疲れている参加者が多いから「疲労会」とも、何か言葉や知恵を得る＝「拾う」ことからも来ているという。

２０１７年秋から開催されているこの会の主宰者は、ぼそっと池井多。本書の第1章で登場していただいた人物だ。池井多は先述のように、「ひきこもり当事者が自身の立場から語ること」が大事だと考える。

「８０５０問題についてこれまで語ってきたのは、専門家だったり支援者だったりメディアだったり、さらには親だったりしました。ですが、そこには私のような当事者の視点がすっぽりと抜け落ちていて、私からすると語られる言説への違和感がありました。そこで、当事者が声を発信する場を立ち上げようと思ったんです」

池井多は２０１３年から「ぼそっとプロジェクト」という、苦しみに耐えてきたサバイバーたちがぼそっとつぶやく声を発信する取り組みを行なってきたり、英語やフランス語などを自在に操って「ＧＨＯ《ジーエイチオー》（Global Hikikomori Organization／世界ひきこもり機構）」を立ち上げ、世界各地のひきこもりへのインタビューなどを行なってきた。

池井多は、「８０５０問題」がメディアに登場した背景にまず疑問を持った。メディアがこぞって報道したのが、２０１８年1月に札幌で起きた「札幌母娘餓死事件」だった。

札幌母娘餓死事件とは、82歳の母と52歳の娘が二人で暮らしていて、母が先に亡くなり、続いて娘も低栄養で餓死した事件のことだ。外形的には「８０５０問題」にぴったり合うこの事件を、社会全体が「８０５０問題」の象徴のように扱うことに、池井多は強い違和感を覚えたのだ。

この事件が８０５０問題の本質を表しているのだろうか？　いや、違う。部屋には９万円の現金があった。にもかかわらず、なぜ、娘はこの９万円を生きる糧《かて》としなかったのか。母と娘の死亡推定時期には、半月の時間差があるにもかかわらず、なぜ娘は座して死んだのか。この事件の本質は「社会的孤立」であって、８０５０問題の当事者である自分が抱えている問題とは、もっと別のもののような気がする。

「メディアは餓死とか殺人とか、派手な要素に飛びつき、８０５０問題を類型化しようとしています。一方、親の側の主な関心は、自分たちの死後の経済問題ばかり。ですが、現実はもっと地味で、多様なもの。ひきこもりの数だけ、さまざまな事例がある。であるならば、当事者が人間として生の声を発する場を作り、語り合えば、８０５０のいろんな見え方が明らかになって、どうすればいいかというヒントも得られる。そう考えたわけです」

思いをシェアする

定刻になり、「ひ老会」が始まった。座る場所は自由だ。本名でもニックネームでも、各自、好きな名前を名乗り、順番に話していく。当初はひきこもりの当事者であることを参加要件としていたが、より広い視点があってもよいかと考え、親、支援者、専門家、メディアの人間も参加できるように変えた。ただし、会は二部構成となっており、第一部の「シェア・ミーティング」では参加者全員がひきこもり当事者と同じ土俵にのぼって、自分を語る＝シェアすることが条件だ。

「外から傍観していたり、高みから見下ろすだけの方には帰ってもらいます。人は生きていれば、なんらかの問題を抱えているはずであり、誰もが人生の当事者です。親子や老いといった問題は、ひきこもりであるなしにかかわらず訪れるわけですから」

この日の参加者は10人。うち二人が女性で、兵庫や大阪からの参加者もいた。他に私を含め３人の取材者に、テレビクルー３人。支援者の女性もいた。

集まった参加者から、ひきこもりに至った理由や事情が語られる。

親、とりわけ母親との関係の悪化、学校でのいじめ、あるいは性自認の問題など、理由や背景はそれぞれ一人一人、さまざまなものだった。参加者の誰もがひどく傷つき、苦しみの多い人生を送っていた。

40代になっているのに、同窓会の案内状一つで、気持ちが暗黒時代だった中学時代に戻ってしまうという男性、「サトシ」。

「同窓会の案内状に幹事の名前が書いてあって、それがテニスラケットで自分を殴ったヤツで。あの人たちはごく普通に、何不自由なく人生を送っているんだろうなって」

サトシは中学時代に受けたいじめが原因で不登校になり、「世の中を恨んで、ひきこもった」。幹事をやっているという加害者は、自分に都合の悪い記憶は忘れ去り、順調な人生を送っているのだろう。しかし、やられた側にはその傷が深く残り、今も人間不信などの後遺症に苦しんでいる。

「中学で受けたいじめのことは、まだ抜けていないです。本当にひどい目に遭いました。ひきこもってから6~7年目が一番荒れていて、中学での怒りが出てきて親を怒鳴ったりして。今、親とは離れて、障害年金だけで生活しています。親に申し訳ないという思いと、自分を全否定してきた親の近くにはいたくないという思い。相反する感情を抱えて、紙一重のところでギリギリで生きてきた感じでした」

サトシは今でもこう思う。

「悪魔の中学と闘いたい」

結婚して子どももいる男性「オカベ」は、40代後半だろうか。5年前にうつ病を発症して、半年間休職した。発病以来、考え続けてきた自分の「決壊」の原因を話し始めた。

「原風景にあるのは、母親との関係です。両親の夫婦仲は全然よくなくて、母は物を投げて、父親にぶつけたり。『父親みたいな男になってはいけない』と、幼少期からよく言われました。そんななかで、母は表面的には理解があるように見えるんですが、そのままの自分を愛してくれたわけではありませんでした」

母親の子育てを、オカベはこのように表現した。

「たとえば、バラにはバラの、チューリップにはチューリップの育て方があるのに、僕のことを『うちの息子はチューリップだったけど、私はバラがいいの』と色を塗ったり、針金で縛って自分にとって都合のよい方向へ向かせたり、そういう育て方を僕はされてきました。自分で何かを選んでいるようで、実は母に選ばされているんです。いつも、こうしたら母は喜ぶだろうと考えて行動してきました。だから、本来の自分がどこにあるのか、この歳になってもさっぱりわからないのです」

「魂の纏足《てんそく》」――、オカベは母親が自分にしてきたことを、このように表現した。その纏足が、うつ病となってオカベの心と身体を、今も締めつけている。

一見では40代半ばに見える「ケンジ」は、30歳までひきこもっていたという。「自分は人間に見えるけど、人間じゃない」と話し始めた。

「自分は今、生きているんだけど、人としてちゃんと生存している実感がない。傍目《はため》には人間に見えますが、中身は人間じゃないんです。子どもとして本来得られるものを得られずにここまできて、恋人になった女性も『遠すぎる』と別れていきました。私は心の開き方がわからないんです。人間として育っていないのが苦しいんです」

ケンジは涙ながらに、「遠い」という言葉を振り絞った。「遠い」。それはいくら言葉を重ねても、心が触れ合えないという「遠さ」なのだろうか。

「完全無欠な〝幸せ家族〟を、母親から強制されてきました。〝幸せ家族〟の看板を掲げて、親族とも完璧に付き合って。それなのに母と父は不仲でした。〝幸せ家族〟の看板は掲げていましたが、実態のない家族でした。母親は関西の有名私大に行けと言う。母親は何も経験してないのに、自分のイメージで都合よく、こういう人間になれと要求してくるわけです。立派で、ちゃんとしろと。母親は侵入的で、かつ精神的に脆弱《ぜいじゃく》で、人との距離が保てない、母親をやってはいけない人でした。母親のために自分が犠牲になるしかなく、友達とも付き合えず、集団生活にも馴染めず、人ともコミュニケーションが取れなくて、はっきり言って人間とは言えない状態です。ずっと、自分を責め続けて生きています。こんな自分が、異性に選ばれるわけがないんです。絶望的なまでに」

つい最近、実家に帰った時のエピソードをケンジは腹立たしそうに披露した。

「玄関のチャイムを押しただけで、『わぁー、来た来た』って転がるように出て来て、『入って入って』って、行動が子どもじみているわけです。着替えのために2階に行くと、母親は下で待っていられないんです。その時間が待てなくて、世話をしようとして部屋に入って来る。やめてほしいと言っても、2回も」「距離が保てない」「侵入的」とケンジは母親を表現したが、相手＝子どもの心や思いを考えようとすることもなく、自分の都合で勝手に愛し、愛という大義で子どもの心にどんどん踏み込んでいく母親のもとで育つということは、どれほど不自由で苦しかったことだろう。自分の心を育てる時間も場所も奪われたまま、ひきこもって生きるしかなかったケンジ。40代半ばになっても、母親からされてきたことの後遺症に苦しんでいるというのに、いまだ母親はその罪に無自覚なままでいる。

一巡目、二巡目、三巡目と話を重ねるごとに、語られる内容が深くなっていく。皆、参加者の話を聞いていくなかでより深く内面に沈潜し、そこから自身の言葉を拾い上げて来るような会だった。

これこそ、池井多が「ひ老会」を始めた核心でもあった。

「結局、一番役に立つのは自分自身の声なんです。人は人を前にした時に、本当の言葉が出て来るものです。人を前にしないと、『私』から言葉が出て来ない。ひ老会で大勢の前に座り、話すということで、自分が普段は言語化してないことが整理されて行きます。それも、劇的に。言葉にして人に聞いてもらえることで、今までの人生で感じることができなかった安心感も生まれてきます。ここでやっていることはシェアということです。そして、私はシェアという場の力を信じています」

池井多は、当事者活動への思いをこう語る。

「人助けでやっているわけじゃありません。人を助けられるほど私は偉くはない。自分は当事者です。当事者として声をあげて行きますが、それに一緒に付き合っていただけるならどうぞ、といった感じですね。でも、一緒にやってくれる人がいるから私も発信できる、というのも本当のこと。結果的に助かる人が出たらうれしいですが、結局は自分のためにやっているんです」

他人の役に立たないなら、人間は死ぬべきか

2019年の正月明け、この日の「ひ老会」の参加者は6人と少なめだった。

池井多が口を開く。

「クリスマスあたりから孤立感が深まって、正月期間はうつがひどくなって……。どうしても怒りが出て来るわけです」

確かにクリスマスから年末年始の期間というものは、恋人や家族を持っている者のためにある時間のように喧伝《けんでん》される。この時期に社会がこぞって描く一家団欒のイメージは、たとえひきこもりでなくても、独り者にはかなりのきつさだ。まるで、この社会に

はそんな人間は「いない」とでもいうような扱いだ。

こうしたある種の同調圧力の息苦しさは、濃淡の差はあれ、ひきこもりだけでなく、マジョリティから外れた人間であれば感じているはずだ。

池井多は、こんな意外な指摘もする。

「ひきこもりと過労死って、コインの裏表だと思うんです。ほとんどの方が根底に、親との問題を持っています。自分というものを親から取り上げられている人が多いので、自分でここまでという線が引けない。そういう人が働く方向に向くと、死ぬまで際限なく働いてしまうのかもしれません」

2016年7月に起きた「津久井《つくい》やまゆり園事件＝相模原《さがみはら》障害者施設殺傷事件」が、ひきこもりの当事者に大きな影を落としていることも、参加者「アヤ」の話でハッと気づかされたことだった。

入所者・職員計45人が襲われ、19人が刺殺された凄惨な事件だが、被告は「重度・重複障害者を育てることは莫大《ばくだい》なお金と時間を失う」「自分が殺したのは人間ではない」など、自らの行為を正当化している。

自分の性自認があいまいだと語るアヤは、こう続けた。

「女性として見られ、社会的に女性の役割を求められるのが苦痛で、混乱しかなく、自分の部屋にひきこもるしかない日々です。でも、ひきこもっていると、社会に申し訳ないという罪悪感ばかり湧いてきます。『何もせず、のうのうと生きている』という声を、私はメンタルが弱いからスルーできないんです」

アヤはそう一気に語った。そして、自分を確かめるように言葉を継いだ。

「だから、私は津久井やまゆり園の犯人とあまり変わらないんです。『他人の役に立たないなら、人間は死ぬべきだ』という考えを、私は理解できる。そして、そうした自分の思いが、今、自分に向かってくる。私は死なねばならない。でも死にたくない。その間で揺れてます」

津久井やまゆり園で振り回された残酷な刃《やいば》が、ひきこもりである自分にも向けられていると痛切に感じているなんて……。そして、アヤは孤独への恐怖を口にした。

「宇宙空間に、酸素なしで放り出されているほどの孤独というか、とてつもない恐怖で、孤独にどう対処すればいいのか思いつかない」

ふっと息を吐いて、アヤは笑顔を向けた。

「でも、こういうネットワークや場所があって、つながっていられるということ。そして情報を得ることができるのであれば、少しは大丈夫かなと思う。ひきこもりとして老いていくわけだけど、それについては不思議と、それほど切実な恐怖はないんです」

「ひ老会」というささやかな集まりは、ひきこもり当事者がお互いに支え合う貴重な場となっていた。

当事者は深く傷つき、もろく、想像もつかない孤独の中に生きている。

８０５０問題が意味するもの

根強い「恥」の文化

２０１９年5月下旬から6月上旬にかけて川崎市登戸と東京都練馬区で起きた二つの事件により、「８０５０問題」、そして「７０４０問題」は一気に社会の関心事となった。それまでは支援業界でのみ知られていた用語を、ほとんどの人が認知するまでになったわけだ。

では、逆になぜ、これまで中高年のひきこもりは社会から「見えない」ものになっていたのか?

まず言えるのは、これまでのひきこもり支援が39歳までを対象にしてきたということである。ひきこもり支援でその中核を担うのが、就労のための「地域若者サポートステーション」なのだが、対象を15〜39歳までとし、40歳になった段階で支援からも排除されるという構図ができていた。

２００９年からは、「ひきこもり地域支援センター」が都道府県や政令指定都市に設置され、年齢制限を設けないで相談を受ける場ができたわけだが、拠点も少なく、現時点では有効に機能しているとは言いがたい。

支援者の側から見ても、中高年ひきこもりに対応してきた人間は皆無に近い。使える制度もなく、経験やノウハウの蓄積も少ない。ゆえに、支援の側からしても、「見えない」というよりは、できるだけ「見ないようにしている」存在とされて来たのが、40オーバーのひきこもりだったと言えるだろう。

たとえば、川崎市登戸で無差別殺傷事件を起こした被疑者の顔写真が、中学生当時のものしか使われないことは何を意味しているのだろう。彼は中学校を卒業して以降、社会的な接点をほとんど持たず、社会から「見えない」存在であったのだろう。そのことを示すのが、あの顔写真なのだ。この事件の被疑者に限らず、中学や高校などの学校という組織から外れ、会社などに所属することがなければ、その人間を社会が捕捉するのは難しい。簡単に、社会から「見えなく」なってしまうのだ。

一方、そうした中高年ひきこもりのことが「見えていた」人たちも一定数はいた。親の介護のために家に入るケアマネジャーやヘルパー、あるいは民生委員などは、その家には無業の40代、50代の「子ども」がいることに気づくことがあっただろう。だが、「見えて」いても、その人たちに対して働きかけをしたり、支援をしていく制度や仕組みが全くなかったため扱えず、結局「見ない」「見なかった」ように振る舞ってきた。

しかし何よりも、彼らを「見えない」存在にしてきたのは、実の親だ。家にひきこもりがいるのは「恥だ」と考える根強い文化に基づき、親がその存在を社会からひた隠しにし、「見えない」存在にしてきたことが、ひきこもりを長期化させ、中高年ひきこもりという存在を作った最大の要因であることは間違いない。

練馬区で起きた、元農水事務次官が40代ひきこもりの息子を殺した事件も、まさに息子の存在をひた隠しにしてきた末の犯行だった。

ＳＯＳを出せない、出す場所がわからないのならば、まだ手の打ちようがある。だが、練馬の被告に限らず、多くの親は意図して、ひきこもりのわが子の存在を隠し続けた結果、「８０５０問題」に至ったわけだ。

本書でこれまで見てきたように、ひきこもりはほとんどの場合が親との関係から生じていた。

モーレツ社員で出世の階段を駆け上った親世代が押しつける「昭和的成功」の価値観から、どんどん外れざるを得ない子どもたち。期待に応えようともがき続け、ぽきっと折れてしまったケースのなんと多いことか。どうしようもなくなり、家にひきこもった結果、何かを始めるエネルギーはあっという間に枯渇し、SOSを出す気力もなくなってしまう。そのまま誰からもどこからもアプローチしてもらうことなく、中高年になってもひきこもり状態が終わらない。これが「8050問題」の内実なのだ。

親に経済力があるゆえに、中高年になっても働けない子どもを食べさせることが可能だったことも、見逃せない背景だ。そしてその存在が「見える」ようになったきっかけが、親自身の病気や経済基盤の揺らぎなど、親の都合であることも押さえておかなければいけないことだ。その意味では、子どもの側からすれば一貫して、親の都合で振り回されてきた結果だと言えるだろう。

近年、こんなニュースを目にする機会が増えている。

「親の遺体放置　対策急務　子がひきこもり　母子二人暮らし」（2019年2月13日、読売新聞、神奈川県相模原市）

「ひきこもり息子が父の遺体放置疑い、8050問題か」（2019年6月24日、日刊スポーツ、東京都国立《くにたち》市）

「親の遺体放置」で検索すると、かなりの類似例を見ることができる。

国立市のケースでは父親が経済的に困窮し、息子のことも含めて市に相談していた。

市としては、容疑者となった息子の個別面談や自立に向けた支援を行なっていたというが、このような結果になってしまったわけだ。「次」のケースを生まないためにも、国立市はぜひとも検証すべき事案として対応してほしい。

遺体を放置した理由について、息子は取り調べでこう語ったという。

「これから起きることを考えたくなかった」

まさに、第1章で取り上げた水本真美と同じである。新聞紙が積み上がるゴミ屋敷で暮らしていた水本母娘も、事件になる一歩手前だったではないか。一歩間違えれば、水本真美は「容疑者」となっていたのだ。

長い間、社会との接点を持っていないため、親が亡くなった時点で、どこにどのように連絡していいかわからず、思考停止になってしまう。そうして生じた遺体放置の結果、「見えて」くる中高年ひきこもりの存在が今後は増えてくると思われる。

多様な生き方を認める社会に

川崎・登戸と東京・練馬の二つの事件を経て、支援者だけでなく、一般社会全体で「見えて」きた40代や50代のひきこもりの存在。その存在を知った今、私たちはどのように向き合うべきなのだろうか。

真っ先に訴えたいのは、今すぐにでも、ひきこもりの子どもを抱え込んでいる親は外部に向けてＳＯＳを出してほしいということだ。一刻も早く、子どもが自分の人生を生きることができるように、恥を捨て、子どもを家という座敷牢《ざしきろう》から解放してほしい。

親との関係でひきこもっている以上、家族だけで解決するのは不可能であることは本書で繰り返し述べてきた。まず、地元の自治体が運営する「ひきこもり地域支援センター」へ相談に出向いてほしい。その一歩を踏み出してほしいと、心より願うばかりだ。

次に思うのは、地域に中高年ひきこもりのための「居場所」を作る必要性だ。中高年ひきこもりにいきなり就労という高いハードルを課すのではなく、まずは家から出て、日中、過ごせる場所を作るのだ。そこで過ごすことで、人生を生き直していく道筋も見えてくるだろう。第２章で支援者の明石紀久男が言ったように、「依存先」を増やすのだ。自宅以外の場で過ごすことで、次へのエネルギーが生まれることもあれば、さまざまな人やチャンスに触れ、就労へとつながることもあるだろう。さらには相談機能を通し、生活を支えることもできるのだ。

適切な支援ができる支援者の養成も、大事なことだと思われる。無理やり引きずり出したり、いきなり就労を迫ったりするのではなく、第２章で語られたような眼差《まなざ》しを持った支援者の存在がいかに大事であるのかを痛感する。

中高年となり歳を重ねれば重ねるほど、本人の中に絶望感が大きくなっていく。絶望しかないつらい時間を生きている当事者たちの、たとえ微弱ではあっても、そのSOSをキャッチできる社会に変わる契機が、今だと思う。皮肉にも凄惨な事件がきっかけとはいえ、社会が「８０５０問題」当事者の存在に気づいたわけだから。

無策と言っていいほどのこの20年間のひきこもり支援策と、ひきこもりを「恥」とする家族文化によって、彼らは孤立と絶望の20年間を生きざるを得なかった。

その意味では「８０５０問題」は、深く家族の問題であり、同時に第2章で長谷川俊雄が指摘した「家族の問題は家族で解決しろ」という、国の「家族前置主義」により作られたものなのだ。

２０１５年に「生活困窮者自立支援法」が施行され、ようやく中高年ひきこもりの支援に使える制度が出現した。この制度は経済困窮だけでなく、社会的孤立状態も対象となるなど、これまで福祉の対象となってこなかった人たちにも適用できるため、その間口の広さが中高年ひきこもりの受け皿となっている。

こうして今まさに、手探りではありながら、40、50代のひきこもりに支援の手が届けられるようになってきている。

第2章で長谷川と明石が何度も強調したのは、40、50代のひきこもりを社会がどう受け入れていくのかということだった。彼・彼女たちにこの社会に合わせることを求めるのではなく、多様性の一つとして彼らを認める社会であってほしいと二人は言った。

多様な生き方を認める社会でないのなら、果たして彼らはそこに出ていきたいと思うだろうか。同調圧力が強い社会に彼らを適応させるのではなく、彼らを認めて、受け入れられるよう、私たちのほうが変わっていくという視点こそ、何よりも重要だと強く思う。

その思いを持つ者として、微力ながら一助になればという願いで本書は書かれた。

おわりに

「50代のひきこもりがいる」と、以前スタッフをしていたNPO法人の関係者から聞いたのは、今から何年前のことだったろう。確か5年か6年前、いや、もっと前だっただろうか。思わず、耳を疑った。50代まで社会と接点を持たずに生きている人たちがいることに驚きを禁じ得なかった。

今にして思えば、ここが私にとっての８０５０問題の「はじまり」だった。

しかし当事者に出会うことができず、気にはなっていたものの、何もできないまま数年が過ぎた。そうしたなか、支援者が運営する「中高年ひきこもりの支援に関する調査研究」の会合にオブザーバー参加をさせていただき、その実態の一端を知ったことが、本書へと連なる本当の「はじまり」となった。私はここで、「８０５０問題」という言葉を初めて知った。支援業界ではすでに当たり前となっていた、この用語自体が驚きだった。２０１６年秋のことだった。

ここから人から人への縁をたどりながら、当事者や支援者への取材を開始し、短い文章を雑誌などに発表することを経て、ようやく一冊に結実したのが本書である。

本書では「8050問題」の当事者である、七つの家族を見つめてきた。七つの家族とも、それぞれの事情を抱え、それぞれの状況でがんじがらめになって苦しんでいた。ひきこもっていたという事実は共通するが、当事者たちが訴えるように、ひきこもり当事者の数だけ、それぞれの背景や経緯がある。100人いたら百様のひきこもり当事者がいるわけだ。

ゆえに本書は「はじめに」でも触れたが、あくまで「『8050問題』をめぐる、七つの家族の物語」であって、「8050問題」を網羅した解説本ではないし、解決ノウハウを記した専門書でもない。その任は、適格な方に譲りたい。

私は本書で、専門家や支援者の視点を学びながら、七つの家族と向き合い、それぞれの家族の歩みをたどることで、たとえ氷山の一角であったとしても、「8050問題」の具体的なありよう、その内実を多くの方に提示したいと思った。家族のどのような「歪み」が、ここに至らせてしまったのかを実際に見ていただきたい、と。

本書を読めばおわかりいただけるように、皆それぞれ、理由があってひきこもっていた。つらくてどうしようもなくなった時、社会から撤退するというのは自己防衛の一つの選択肢としてあり得ることだし、生き延びるための手段であって、ひきこもりに一面的な負のイメージを貼りつけることはあってはならないことだと強く思う。

今回の取材で強く感じたのは、誰もが原家族から安定した「愛着」という土台を育んでもらえていないということだった。

ここで「愛着」という概念を出したのには訳がある。私はこれまでの子ども虐待などの取材を通して、「愛着」こそが人間関係の基本であり、社会的行動の土台になるものだと確信するからだ。「愛着」とは、赤ちゃんが母親など養育者との間で作る、いわば信頼の絆《きずな》のようなもの。お腹が空けばおっぱいを与えられ、オムツが気持ち悪ければ替えてもらえる。いつも笑顔でハグしてくれる存在との間に、赤ちゃんは「愛着」という揺るぎない信頼を築いていく。やがて赤ちゃんの心に養育者のイメージが内在化し、心の中に安心であたたかな〝安全基地〟ができる。これが「愛着」＝アタッチメントと言われるものだ。この安全基地があれば、その子は他者＝世界を信じることができるし、世界を広げていくことができる。

「愛着」こそが、人間の基盤を作るのだ。逆に、それをもらうことができなかったならば、自己を肯定することもできないし、世界も恐怖に満ちたものとなる。

子どもは普通、親と一緒にいる時が最も安心できるものなのに、本書で見てきた家族はどうだったか、思い返してほしい。「安心」のないところに、「愛着」は育たない。

「愛着障害」という心理学用語があるように、「愛着」という人としての基盤を得ることがなければ、どれほど不安定な生き方をしなければならないことか。専門家によれば、「愛着」形成が脆弱だとトラウマに弱くなり、人生全体に大きな影響を与えるという。

だから、困難に直面して立ち行かなくなった際に、ひきこもらざるを得なかったり、衝動的な行動を抑えることができずに非行に走ったりしてしまう。いわばマイナスから人生をスタートさせなければならないのだ。

ただし、「愛着」を築くのは実親に限るわけではない。誰か、信頼できる大人と出会うことができ、そこで愛着関係が結ばれれば、その子の人生は１８０度違ったものになる。しかし、「彼・彼女たち」は、親以外の誰とも出会っていなかった。

本書に登場したのは、父や母による抑圧、家庭内暴力、無関心、共依存、教育および心理的虐待、過干渉など、家庭自体に問題があり、のびのびとした子ども時代を送ることができなかった人たちばかりだった。そして親たちもまた、家に友人などが頻繁に出入りするわけでもなく、外部に対して閉じてしまう傾向にあった。家族だけで閉じてしまった結果の「８０５０問題」だと言える側面はあるだろう。

生まれ育った家庭以外の文化を知らず、「昭和的成功」の揺るぎない価値観を持つ親のもと、多様性を認められず、一つの道を決められてきた30年前の青年は決して少なくない。苦しさを吐露できる人も相談できる人も逃げ込める場所もなかったら、ひきこもるしかないではないか。誰が「弱い」と責められようか。約61万人それぞれの苦しみが、今、この国の水面下には渦巻いている。

高度経済成長期に「よき家族」とされた一家がたどり着いた、この場所から、私たちは目を逸らしてはならないと強く思う。次世代に、40代、50代になってもなお、自身の人生を生きることができない人間を二度と生まないために。

最後に、困難を抱えながらも取材に応じていただいた当事者の方々、ご家族、および支援者の皆さま、長谷川俊雄さん、明石紀久男さんに心より感謝を申しあげたい。

どうか本書の主人公たち、および８０５０問題、７０４０問題のひきこもり当事者たちが、「自分の人生もなかなかだよなー」と思える日々を生きてほしいと心より願い、本書を終えたい。

２０１９年9月

黒川　祥子

文庫版あとがき

単行本出版時の2019年11月には、新型コロナという災厄が社会を覆い尽くすとは誰もが予想し得ないことだった。

コロナ禍は「8050問題」に、どのような影響を与えているのだろうか。

第2章で登場いただいた、NPO法人「遊悠楽舎」代表の明石紀久男によれば、2020年の「ひきこもり相談件数」は、前年の約2倍に増えたと言う。これは、中高年ひきこもりも例外ではない。ひきこもりの子どもを抱える家族に、コロナは何らかの揺さぶりを与えていると言えるのかもしれない。

相談に来るのはこれまでと変わらず、ひきこもり当事者よりも圧倒的に親のほうが多い。とはいえ、コロナによる生活様式の変化は、母親を直撃していると明石は感じている。

「夫婦で相談に来るケースを見ていると、やはり女性のほうが苦しそうですね。これまでかなりの数の相談を受けて80代の男性と話していますが、妻を大切にしない傾向があると思いますね。妻に、『誰のおかげで、メシが食えているんだ』と、いまだに言っているとか。とりわけ相談で感じるのは、この夫婦って会話自体がないのだろうなということです。これまでは妻は傲慢な夫に目をつむり、病院の待合室や買い物の時など女性同士、愚痴を言い合い、発散してきたわけです。ですが、コロナになって、こうしたことが一切できなくなってしまいました」

病院は今や、コロナ患者専用の場と化している。買い物も少人数で短時間にと言われている。井戸端会議で夫への憂さを晴らしてきた女性たちが、その機会や場を失ってしまうことで追いつめられているのだ。

確かに、ストレス解消には意味のないおしゃべりが最適とも言われている。女性たちは上手にその「術」を使っていたのに、コロナで奪われてしまったわけだ。

家政婦や試食販売などの仕事で、細々と小遣い稼ぎができていた女性も多かったが、コロナで仕事が無くなったことによる精神的かつ経済的ダメージも無視できない。

こうして、妻である女性たちになんとも言えないイライラや将来への強い不安が生じ、それはコロナ前とは比べものにならないほどに高まっていると、明石は感じている。ひきこもりの長期化という問題を、これまで直視しようとしなかった妻たちが、「このままでは、持たない」と、夫を連れて相談室にやって来る。

「この先、どうなるんでしょう。私ら親は高齢ですし、ひきこもりの子どもをこれ以上、抱え込むことはできません」

こうしてやってきた夫婦を前に、明石は80代夫婦の関係性の歪《いびつ》さを痛感する。口火を切るのはほぼ父親で、一方的に話を始める。明石が散々見てきた、典型例がこうだ。

「『僕は、とにかく、いろいろやってきているんですよ』と、父親がまくし立てる。私は子どものことを考えれば、そのやり方はあまりに強引ではないかと伝えるけれど、聞く耳を持たない。終始一貫、自分が頑張っている姿を強調する」

話し尽くした夫は、最後に隣の妻に顎で促す。

「何か、付け足すことがあったら。おまえ、ほら、おい」

ようやく話す機会を得た妻は、ため息まじりに明石に訴える。

「いつも、こうなんですよ。うちでもずっと……」

こうした夫婦の関係こそ、子どもをひきこもりに追い込んだ原因とも言えるのだが、夫が我が身に気づくことはなく、妻はコロナにより、ますます追い詰められていく。

これがコロナ禍のなかで、明石が出会ってきた夫婦の姿だった。

明石の支援スタイルは、まず親が変わることを前提とするが、それはコロナ禍でも変わりはない。

「親が変わらないで、本人が相談に来てもなかなか難しい。たとえば、父親は本人が私に会うようになると、後はお任せと他力本願になることが多いですね。こっちに任せておいて、一方、子どもには結構ひどいことを言うわけです」

父親たちは、相談に出向くようになった子どもにどんな言葉をかけているのか。

「おい、いつになったら、まともに稼げるんだ」

「一人暮らしは、いつからするんだ」

まさに、ひきこもり当事者が散々、親から言われてきた言葉ではないか。

「これでは、本人が相談に来ても何も変わらない。こうして、父親が子どもをどんどん追い詰めるわけですから。そもそも、こうした家庭では父親が勝手に道を作って子どもに押しつけてきた結果、ひきこもりとなってしまったケースが多いので、親が変わらない限り、この親子の〝8050問題〟の解決は難しい」

本書で「親の気づき」があり、親が変わったことで、ようやく実家を出て自分なりの人生を手にすることができたケースを紹介しているが（第3章　歩き始めた人たち〈親となんか生きていきたくない〉）、まさにそういうことなのだ。

親が子どもに一方的に、「道」を作ってきた挙句にひきこもりとなり、世間体を気にしてその存在を隠したことで長期化し、ようやく自身の高齢化やコロナの閉塞感で、外部の相談に繋《つな》がったとしても、親は一向に変わらない。逆にこういう親だから、ひきこもるしかなかったわけだ。

明石は改めて思う。

「やっぱり、ひきこもっている人たちへの支援って、〝家族丸ごと〟なんですよ」

第2章で登場いただいた、白梅学園大学教授、長谷川俊雄もひきこもり支援における「家族教室」の重要さを本書で指摘した。ひきこもっている当事者だけでなく、家族への支援が非常に重要かつ有効で、かつては保健所がその機能を担っていた。ところが、その保健所が1990年代に変貌してしまう。

保健所は1960年代以降、全国800ヵ所ほどの数で一貫して推移してきたが、1994年に保健所法が「地域保健法」に改定されて以降、減少の一途をたどり、2020年4月には469ヵ所とピーク時の半数近くになっている。

保健所が福祉セクションなど他の部署と統合され、「保健福祉センター」となった自治体では、保健師の業務自体が変わったと、長谷川は言う。

「保健師はこれまで、地域保健を対象に業務を行ってきましたが、ここで高齢者保健、母子保健、思春期保健など事項別事業を行うことになり、係が別々となることで全般的な地域保健業務の地域担当制が実質的に撤廃されることになりました。そのことで家族教室をはじめとしたグループワークを、日常業務として取り組むことが難しくなったわけです。ましてや『ひきこもり』は傷病でもなく障害でもないことから、事項別業務からはじかれてしまい、そもそも業務対象として位置づけられなくなることが起きました」

こうして、ひきこもりにおける家族支援は後退していくこととなった。

代わって登場したのが、家族ではなく当事者に直接アプローチする「若者自立塾」や「地域若者サポートステーション」などの国によるさまざまな政策だったことは、本書で触れた。

感染症対策の最前線と位置付けられていた保健所が、高齢化対策に主眼を置く観点から、保健と福祉の連携を図るために権限が市町村に委譲され、保健所の統廃合に結びついたわけだが、そうしたことが、コロナ禍における保健所機能の逼迫《ひっぱく》をもたらしたのだろうか。長谷川は、このように考える。

「保健所の基本業務である感染症対策は、保健師の地域担当制の業務が現業的活動ではなくマネジメントに変更されたり、あるいは撤廃されたことで、地域単位で活動する難しさが生まれたことが背景にあるように考えます。こうした保健所の組織改組や業務のあり方の変更を前提の上で、コロナ禍の保健所の機能不全は、想定外のパンデミックを前提とした感染症対策の業務体制となっていないことと、業務量に見合うマンパワーが確保できていないことなど、現状の課題ばかりではなく、歴史的な経緯を踏まえていることを原因として位置づけたほうが適切だと思われます。もちろん、政府のコロナ対策の不十分性や不作為、そして遅延性といった政治的な判断と実行力の圧倒的な不足が大きく影響しているわけです」

ひきこもり支援の最前線にいる明石は、縦割り行政の弊害にも煮え湯を飲まされてきた。親には高齢福祉という支援の担当部署があるが、50代ひきこもりには自身に障害がない限り、該当担当部署は存在しない。

「縦割りでの対応では、絶対にどうにもならない。生活困窮者自立支援法という、親も子も使える制度がようやくできましたが、実際にはうまく活用できていないと言っていい」

本書でも、2015年制定の同法により初めて、高齢ひきこもり支援の受け皿ができたことを指摘した。その現場にいる明石が痛感するのは、生活困窮支援の窓口で、同法が根幹として掲げる包括的支援ができるかと言えば、ひきこもりについて専門的な知識を有し、対応できる人間が自治体にはほぼいないという現実だ。これが、今の状況なのだ。つまり、「使えて」いないのだ。

ひきこもりの支援が非常に難しいことは、本書で何度も触れた。そうであっても、ひきこもり「発見」の1998年から20年余、40代以上のひきこもりが61万3000人と判明して2年、なぜ、ひきこもりへの有効な支援はこうも遅々として進まないのだろうか。

「その後」の、ひきこもりたち

本書の主人公たちはコロナ禍の中、どのように生きているのだろうか。登場人物たちの「その後」について、触れてみたい。

母親からの理不尽な虐待に苦しみ、大学卒業間際にうつを発症してひきこもりとなった、ぼそっと池井多（現58歳）は、コロナの影響についてメールでの質問にこう答えてくれた。

「基本的には、コロナは私自身の生活に、『直接的な』影響はそんなに与えていないと思います。せいぜい、人とのコミュニケーションが、テキストのやりとりになったことで、声を出すことがなくなり、声帯が縮んで、声が一気に『爺声《じじいごえ》』になったことでしょうか」

もともとひきこもりだったこともあり、ステイホーム的な生活習慣には問題なく突入できたと一年前を振り返る。むしろ、ステイホームするために、いろいろなノウハウやライフハックを積んでいたことに気づいたと言う。

池井多はコロナ前から「ぼそっと池井多」という名で、「当事者の声を社会に届けることが必要」だと、「ひ老会」はじめ、さまざまな活動をしてきたことは本書で紹介した（第4章「見えない」存在から「見える」存在へ〈「ひ老会」の挑戦〉）。

昨年の緊急事態宣言で中止か延期を余儀なくされた「ひ老会」だが、昨年5月にオンラインでの開催を試みたところ、地方の当事者も参加できるメリットがわかり、オンライン対話会「フォーディー」として新たに立ち上げることになった。「ひ老会」自体は

2ヵ月に1回、感染対策を徹底したうえで、リアルでの開催を続けており、親と子の対話集会「ひきこもり親子公開討論会」は、名称を「ひきこもり親子クロストーク」に改め、不定期で開催中だ。

池井多が当事者の会を通して気づいたのは、親と同居するひきこもりが、コロナ禍で親と顔を合わせる機会が増えたことでフラストレーションを溜《た》めているという現実だ。そのようなフラストレーションが、ひきこもり界隈《かいわい》全体に蔓延《まんえん》しているとも感じている。

蛇足であることを承知で、最後に両親や実家との関係について聞いてみた。予想に違わず、一切の変化はないということだった。

他の登場人物の近況は、支援者に連絡をして、間接的にうかがうこととなった。

ピアノ指導者という道を「強すぎる父」に決められてきたと訴える松本千秋（現55歳）は、立て籠もっていたゴミ屋敷と化した自宅からようやく出ることができたが、今も取材時と変わらず、生活保護を受けてアパートで暮らしている。仕事はしておらず、家にこもりがちな生活を送っているというのも、当時と変わらない。ただ、生活保護費は手渡しという約束ゆえ、千秋は月に一回、必ず役所に出向き、ケースワーカーとのコミュニケーションは今も取れているという。

支援者の加藤知之によればがんを患っていた母が昨年亡くなり、後を追うように姉も亡くなった。しかし、母と姉の死はトラブルを恐れた父により、千秋に知らされることはなく、長男一家参列の下、葬儀が執り行われたそうだ。そして、モーレツ・サラリーマンでイケイケだった80代後半の父は今、単身者用マンションで一人、細々と暮らしている。

大学卒業後も、父から年300万の仕送りを25年ほど受け、父の死後は母に金を無心していた高橋敦也（現56歳）には、大きな変化が起きていた。取材時は生活保護を受けながら、コンビニでのアルバイトを早朝の時間帯に行うのみだったが、今では量販店の販売員、パチンコ店の店員と三つのアルバイトを掛け持ちで行っている。それほどのパワーが敦也にあったというのが、正直、驚きだった。しかし、アルバイト収入をきちんとケースワーカーに報告しなかったことが発覚して、すべてを徴収されることになった。それでも敦也は今、強い気持ちのもと、生活保護から抜け、自分の稼ぎで暮らしている。三つの仕事をしっかり続け、経済的には自立できているわけだが、依然、母親を探していることに変わりはなく、先日も支援者である会田圭一の事務所に突然現れて、「おまえ、母親の居所、知ってるんだろー！」と大声で騒ぎ立てるという大立ち回りを繰り広げた。

母親も携帯番号を変えていないため、いまだ息子の電話に出ることもあると言う。会田はつくづく思う。

「息子が56歳なのにまだ、母親を続けているのでしょう。いい加減、親をおりればいいのに。だけど、これがこの親子の独特のコミュニケーションになっているのでしょうね。それが、その家庭の〝普通〟なのでしょう」

お互いにぶら下がるという共依存関係のまま、高橋家の「8050問題」はどこに着地点を見出すのだろう。


転んだまま起き上がることができなくなった母親が紙オムツまみれの状態で救出されたことで、「発見」された中高年ひきこもり、水本真美（現55歳）は取材時、自宅を売却した対価により、生活保護から抜け出したばかりだった。

ところが、真美は再び生活保護受給者となっているという。支援者の木下義教は頭を抱える。

「家が2000万で売却できて、母親と分けて、彼女は1000万を遺産相続したんですよ。それをこの一年で全部、使ってしまいました。大好きなスーパー銭湯に行くのに、タクシーを使ってしまう。足が不自由というのもあるのですが、湯水のように使って、今は生活保護に逆戻りしてしまいました。お金が入った時、『これは丁寧に、大事に使って行こうね』と話したのですが……」

一年で1000万円もの金額を、スーパー銭湯通いで使えるものなのか、信じられない思いだ。

今、木下は生活保護のケースワーカーや市民健康課の担当者、障害者支援の相談員らと連携して、真美の支援に当たっている。

「食料が無くなって倒れていたり、僕のところにも『もう、このまま死ぬと思います』と言ってきたり、トラブルメーカーになっています。保護費を、半月ぐらいで使い果たしちゃうんですよ。だから保健師が、『保護費が入った時に、1ヵ月分のお米を買っておきなさい』と、指導しないといけないわけです。幼児性が高く、社会性が身に付いていない。生活していくという、〝術〟を教わってきていないわけです」

55歳でありながら、幼児性を指摘されるとは……。生活スキルも社会性も全く身に付かないまま、真美はここまで生きてきたというわけか。

老人ホームで対面した時、何と頑な老女なのかと感じた真美の母は、50歳を過ぎた娘に対して口うるさく先回りして指示をしていたが、結局、娘に生きていく術を一切、教えてこなかったということになる。そうやって親子で社会との接点を持たないまま生きてきた結果の、真美の「今」なのだろう。

それでも……と、木下は言う。

「でもね、彼女は彼女なりに、そういう人生を生きていくのかなと思うんです。彼女を

〝更生させる〟とか、〝矯正する〟という発想は、僕にはありません。生きていく上での術は少しずつ、身に付けてほしいとは思いますが」

社会性がなく、生活能力が劣っていても、それを含めて丸ごとが水本真美なのだ。彼女はようやく、自分の足で生活を始めたばかりなのだから。

「暴君」の父に振り回され、生きるエネルギーを根こそぎ奪われたかのような人生を強いられた芳賀薫（現53歳）は、今も遺跡発掘のアルバイトを続けている。週に4日、早朝に家を出て、現場仕事を行い、夜には疲れ果てて家路につくという生活だ。

支援者の伊藤俊朗によれば、薫の仕事ぶりは非常に高い評価を受けているそうだ。

「学芸員になるのはこの年齢からは無理かなと、本人が言っていますが、パソコンで遺跡の文様とか描くのが本当に上手いんですよ。緻密で、綺麗《きれい》で、すごく評価されています。新しい人が職場に入れば、『芳賀くん、教えてあげて』と指導係となるよう、上司から任命されるほど信頼されているようです」

ときに伊藤に、「給料が最低賃金からずっと上がらないし、本当にもう嫌だ」と愚痴をこぼしながらも、薫は今の仕事を手放そうとは思っていない。伊藤は感心せずにはいられない。

「芳賀くんは、本当に真面目だと思いますよ」

人に合わせて自分が潰れてしまうと言っていた薫だが、ようやく自分に合っていて、自分を生かせる仕事に出会えたのだ。もし、自宅にこもっていたままなら、手にすることができなかった人生だ。

50歳を越えてスタートした、本来の自分として生きる日々。薫の「今」を見れば、何歳からでも遅くないのだと改めて思う。これが自分の人生だと思える日々を手にするためには、まず親の家を出てみることから始めるべきなのだ、と。

近隣住民から忌み嫌われるゴミ屋敷で暮らし、玄関で倒れているところを救急搬送された小島徹（現52歳）は昨年、「無料低額宿泊所」を出て、生活保護を受けて一人で、アパートで暮らすようになった。

徹はケースワーカーと一緒に車で自宅を見に行くことになった時、恐怖心からか、家に近づくことすらできなかったそうだ。そして、ここから酒浸りとなった。

アルコールで身体を壊したことをきっかけに、酒を抜くことはできたようだが、生活保護の窓口で、徹を見かけた支援者は、その身体から放たれる、とんでもない悪臭に衝撃を受けた。

「風呂も入ってないだろうし、ものすごく臭い。もう尋常じゃない臭さ。セルフネグレクトというか、自分では暮らせないわけですよ。誰かがいて指示されればできるけれど、自分でやるとなると何もできない。ゴミを拾って食べていたわけだから、結局、そうなってしまうのか。生きるということへのまともな学びが、彼にはなされていない。そのような機会を親も社会も、彼に与えて来なかったということですね。悲しいかな……ですが」

高級住宅街の一角、父は大企業の幹部、そして専業主婦の母という裕福な家庭に、徹は育った。社会的にも経済的にも恵まれていた両親はなぜに、このような子育てしかできなかったのだろう。いまだ、ゴミ屋敷の自宅に居座る弟は玄関の軒下で寝起きし、近隣住民を威嚇している。

母と伯母という「二人の母」の重圧の下、兄も含めた家族丸ごとの共依存関係で息も絶え絶えだった、萩野真弓、47歳。彼女は、直接会って話をうかがうことができた唯一の当事者となった。

対面した瞬間、私は目の前の女性を遠慮会釈なく、まじまじと凝視した。意図したのではなく、そうなってしまったのだ。目の前にいるのが、本当に萩野真弓なのか、確信が持てない。言葉が出てこない私より先に、真弓が口を開いた。

「黒川さん、ご無沙汰しています」

瞬間、我に返った。

「萩野さん？　萩野さんですよね？」

それほど、萩野真弓の印象は変わっていた。以前、会った時の硬さや緊張はもはや、その片鱗《へんりん》すらなく、少し丸みを帯びてふっくらとした顔には、穏やかな微笑みが宿っている。発せられた声はとても伸びやかで、やわらかくあたたかい。

真弓は2年前と同じように、生活保護を受けて伯母と二人で暮らしている。その伯母も今年で81歳になる。仕事も以前と同様、ひきこもり支援のNPOで週に1～2回、事務作業や会報の作成をしたり、別の団体で電話相談員をしたり、NPO代表が招聘《しょうへい》される講演では、当事者として自分の体験を語るということを続けている。

「生活の変化って、コロナ前も今も、伯母も私も全くなくて。二人とも、行動範囲が狭いので」

そう話し、ふっと真弓は微笑んだ。

「平和ですね。今が一番、平和かもしれない。そう、一番、平穏ですね」

一番と、噛《か》みしめるように真弓は2回繰り返した。そこには格別な思いが込められていた。

いつからか制御不能な状態でマグマのように込み上げてくる怒りがあったはずなのに、今は自分からすっかり怒りが消えてしまったのだと言う。

「インタビューを受けた頃は、伯母に対して尋常じゃないキレ方をしたり、怒りを伯母にぶつけて爆発しちゃうことがあったんです」

怒りの根源がどこにあるのか、真弓はひきこもり当事者の会で気づいた。

「伯母のことが嫌いだと、大勢の前で話すことができたことで整理ができたと思います。私は伯母のことが嫌いだということを、言っても思ってもいけないとずっと思い込んでいて。多分、それはもう小さい頃から。それが二人暮らしになって、その事実と対面するしかなくなって、爆発していたのだと」

相反する感情に、真弓は引き裂かれていた。

「こんなに長いこと暮らしているのに、何で、この人とは、こんなにいろいろなことが嚙み合わないんだろう」

「でも、この人を責任持って看取るのは、私なのだ」

抑制的に伯母と接しようとすることで日常への負荷が高じ、真弓は極端な方向へ揺り動かされる。

「こうした感情が自分を追い詰めていて、それが制御できずに爆発して、伯母に当たってしまう。そうなると伯母は、『私があなたを怒らせているのね、私がいけないのね』みたいになっちゃって。これ、とても危ないって気づいたのです」

暴力を受ける側が当然と思ってしまうのは、支配—被支配というＤＶの構図そのものだ。その危機意識があったからこそ、自分をさらけ出すことにしたのだ。

「その会合で、『私、伯母が嫌いなんです』と言えた途端、それをただ、認めればいいのだと気づきました。嫌いなのは、嫌いだと。そうしたら、本当にびっくりするぐらい、病的にキレていたのは何だったのかと思うぐらい、穏やかになりましたね」

真弓の生い立ちを見れば、怒りのエネルギーが生まれるのは、あまりにも当然だ。伯母と母の愚痴の聞き役、家族丸ごとが真弓の稼ぎに依存していたことなどからくる、マグマのように制御不能に噴出する怒りには、生まれる理由がちゃんとあった。その怒りを真弓は、自分の中で制御可能なものに変換したのだ。

平成の世にまさか、こんな家族があるのかと驚愕《きょうがく》した真弓の生い立ち。その壮絶な人生がようやく、ここに着地点を見出した。それも、「平穏」という場所に。

生い立ちに縛られていた人生から、自身を解放した真弓に、心からの敬意と拍手を送りたい。それは誰もができることではない、困難に満ちた作業だと思うから。

真弓にはその貴重な経験を、すなわち「希望」を、これからも話し続けていって欲しいと願わずにはいられない。

コロナ後に、目指す社会とは

コロナ後、私たちは元の社会に戻るだけで果たして、いいのだろうか。

冒頭に記した明石は、〝今〟をチャンスにしたいと語った。

「コロナで、立ち止まらざるを得ない環境や状況が作られている今、どのような志向の下で社会を作っていくかが問われていると思う。家族や社会での〝役割〟をおりて、個人として考えていこう、感じていこうと訴えたいですね」

母親、父親、会社員あるいは教師などの「役割」としてではなく、「人」として、「個人」として生きる。それは、簡単なようで難しい。現に多くの親は、子育てをとっくに卒業しているのに、いまだに「親として」子どもに接している。定年退職した会社員がいまだに、現役時代に仕事先からもらった名刺を、自己の存在証明であるかのように後生大事に守っている。まるで、あたかも「役割」でしか、生きられないかのように。「役割」は、他者があって初めて与えられるものだ。その意味では、他者に依存することで初めて存在し得るものだとも言える。

長年にわたり依存しあった親子関係の歪みが、「８０５０問題」を作り出している。80代になっても親をやめられない存在の合わせ鏡として、50代のひきこもりの子どもがいる。親に養ってもらうことでしか、生きることができないと思い込んでいる彼らもまた、「子ども」という役割を生きている。親子ともども、その無限ループの中で首を絞め合っているわけだ。

コロナという災厄で、社会は今、立ち止まらざるを得なくなっている。だからこそ、明石の言うように足元をもう一度、確かめるチャンスなのかもしれない。私たちは、

「役割」だけで生きていないだろうか。一人の人間として、一個人として、地面に足をついて生きているだろうか。

ひきこもりの子どもを抱える親はこの際、親の役割からおりてみてはどうだろう。50代ひきこもりを支えるのはもはや親ではなく、社会なのだ。

その意味で〝コロナ後〟に目指すべき社会とは、50世代《ごーまる》、40世代《よんまる》のひきこもりが外に出てもいいと思える社会、彼らに居場所がある社会なのではないか。それは「自己責任」を問い、「自助」を強いる社会の対極にある、さまざまな人間の多様性を認め合える緩やかな社会だ。

人と人との関わりが豊かなものを生む社会、相互扶助を大切にする社会をこそ、私は強く求めたい。

「8050問題」から見えてくるのは、まさにこの社会の有り様なのではないだろうか。

2021年9月

黒川 祥子

主要参考文献

近藤直司・長谷川俊雄（編著）／蔵本信比古・川上正己（著）『引きこもりの理解と援助』萌文社／一九九九年

伊東雅之「ニートの現状とその対策　―我が国と欧米主要国の若年雇用対策―」（『調査と情報』５３６号所収）国立国会図書館／二〇〇六年

斎藤環「ひきこもりの心理状態への理解と対応」（『ひきこもり支援者読本』所収）内閣府子ども若者・子育て施策総合推進室／二〇一一年

長谷川俊雄「親の高齢期及び親亡き後の生活維持のための相談支援と社会制度」（『ひきこもり支援者読本』所収）内閣府子ども若者・子育て施策総合推進室／二〇一一年

佐藤隆也「ひきこもり支援の変遷と課題」（『川崎医療福祉学会誌』28巻所収）川崎医療福祉学会／二〇一八年

杉山登志郎『子育てで一番大切なこと　愛着形成と発達障害』講談社現代新書／二〇一八年

集英社文庫

8050問題《はちまるごーまるもんだい》 中高年《ちゅうこうねん》ひきこもり、七《なな》つの家族《かぞく》の再生物語《さいせいものがたり》

2021年10月25日　第1刷　　定価はカバーに表示してあります。

著　者　黒川祥子《くろかわしょうこ》
発行者　徳永　真
発行所　株式会社 集英社
東京都千代田区一ツ橋2-5-10　〒101-8050
電話　【編集部】03-3230-6095
【読者係】03-3230-6080
【販売部】03-3230-6393（書店専用）
印　刷　図書印刷株式会社
製　本　図書印刷株式会社

フォーマットデザイン　アリヤマデザインストア　　マークデザイン　居山浩二

本書の一部あるいは全部を無断で複写・複製することは、法律で認められた場合を除き、著作権の侵害となります。また、業者など、読者本人以外による本書のデジタル化は、いかなる場合でも一切認められませんのでご注意下さい。

造本には十分注意しておりますが、印刷・製本など製造上の不備がありましたら、お手数ですが小社「読者係」までご連絡下さい。古書店、フリマアプリ、オークションサイト等で入手されたものは対応いたしかねますのでご了承下さい。

© Shoko Kurokawa 2021　Printed in Japan
ISBN978-4-08-744311-0 C0195